HEYNE BÜCHER

Von John Le Carré sind als
Heyne-Taschenbücher bereits erschienen:

Eine Art Held · Band 01/6565
Der wachsame Träumer · Band 01/6679
Dame, König, As, Spion · Band 01/6785
Agent in eigener Sache · Band 01/7720
Ein blendender Spion · Band 01/7762
Krieg im Spiegel · Band 01/7836
Schatten von gestern · Band 01/7921
Ein Mord erster Klasse · Band 01/8052
Der Spion, der aus der Kälte kam · Band 01/8121
Eine kleine Stadt in Deutschland · Band 01/8155
Das Rußland-Haus · Band 01/8240
Die Libelle · Band 01/8351
Endstation · Band 01/8416
Der heimliche Gefährte · Band 01/8614
Smilye · Band 01/8870
Die Libelle (Aktions-Ausgabe) · Band 01/9017
Das Rußland-Haus (Geschenk-Ausgabe) · Band 01/9266
Der Nacht-Manager · Band 01/9437
Eine Art Held/Schatten von gestern · Band 01/9511

JOHN LE CARRÉ

EIN GUTER SOLDAT

Aus dem Englischen
von Werner Schmitz

WILHELM HEYNE VERLAG
MÜNCHEN

HEYNE ALLGEMEINE REIHE
Nr. 01/9703

Titel der Originalausgabe
THE UNBEARABLE PEACE

Umwelthinweis:
Dieses Buch wurde auf
chlor- und säurefreiem Papier gedruckt.

Wilhelm Heyne Verlag GmbH & Co. KG, München
Printed in Germany 1995
Umschlagillustration: Ringier Dokumentation Bild, Zürich
Umschlaggestaltung: Atelier Ingrid Schütz, München
Satz: Franzis-Druck GmbH, München
Druck und Bindung: Pressedruck, Augsburg

ISBN: 3-453-09225-2

Jean-Louis Jeanmaire am 8. Januar 1991 in seiner Wohnung in Bern.

»Ich bin nicht gestorben«, sagt Jeanmaire stolz. »Die hätten das gern gehabt, aber den Gefallen habe ich ihnen nicht getan.«

Es ist Abend. Wir sind allein in seiner winzigen Wohnung am östlichen Stadtrand von Bern. Er macht für uns beide Käsefondue. Auf einem Regal in der Küche stehen die Näpfe, aus denen er im Gefängnis gegessen hat. Warum bewahrt er sie auf?

»Zur Erinnerung«, antwortet er.

In dem winzigen Flur draußen hängen Dolch und Säbel, die Insignien der Dienstuniform eines Schweizer Armeeoffiziers. Das Empfangszimmer ist mit der Reproduktion einer mittelalterlichen Hellebarde und seinem Architekturdiplom von 1934 geschmückt. Ein signiertes Foto von General Westmoreland, zur Erinnerung an einen Goodwill-Besuch in Bern, trägt die Widmung ›Für den General, Luftschutztruppen‹, was Jeanmaires letzte Funktion war.

»Einige meiner Kollegen haben natürlich gar nichts bekommen«, sagt er; ein versteckter Hinweis darauf, daß man ihn für diese Auszeichnung ausgewählt hatte.

Er findet, es sei Zeit für einen Drink. Er trinkt genügsam heutzutage, aber noch immer mit dem gleichen Genuß wie früher.

»Ich gestatte mir ein wenig Wasser«, erklärt er. Preußisch strafft er den Rücken, hebt den Ellbogen, reißt den Verschluß von der Whiskyflasche, die ich ihm mitgebracht habe, gießt präzise zwei Schuß ein und fügt seinem noch Wasser hinzu. Wir heben unsere Gläser, trinken Auge in Auge, heben sie noch einmal und hocken uns dann unbeholfen an den Tisch, während er den Whisky im Mund hin und her bewegt und für trinkbar erklärt. Dann entfernt er sich wieder, diesmal zum Herd, um den Käse umzurühren und – als ausgebildeter und erprobter Militärinstruktor wie auch als Richter – mir einen Vortrag zu halten, wie ich es beim nächsten Mal auch selbst machen könne.

Auf dem Schreibtisch, auf dem Fußboden und an der Wand emporgestapelt liegen Papiere, Akten, Zeitungsausschnitte, ganze Berge davon, aufgeboten und beflaggt für seinen letzten Feldzug.

So zu tun, als ließen einen gewisse Leute kalt, ist journalistische Eitelkeit. Aber ich bin kein Journalist und stehe nicht über dieser Begegnung. Jean-Louis Jeanmaire bewegt mich sehr, er macht einen ebenso komischen wie fürchterlichen Eindruck auf mich.

Geheimnisvoll ist Jeanmaire nicht, und schon gar nicht zum Spion geschaffen. Er ist auch nicht zum Schweizer geschaffen, denn seine Gefühle sind ihm ins Gesicht geschrieben, selbst wenn er sie zu verbergen sucht; und er wäre der schlechteste Pokerspieler der Welt. Er hat ein breites Gesicht und ist für einen scheinbar aggressiven Mann merkwürdig verwundbar. Er hat die Augenbrauen eines wütenden Clowns. Sie heben und runzeln sich und flattern und staunen mit jeder zufälligen Stimmung, die ihn überkommt. Auch sein Körper ist selten in Ruhe. Er scheint auf sein Gegenüber loszugehen und gleichzeitig zurückzuweichen. Er ist klein und war einmal zierlich, aber erbittertes Kämpfen hat ihn zum Stier werden lassen. Seine knappen, leidenschaftlichen Gesten wirken in der Enge eines kleinen Zimmers nur um so wuchtiger. Überall in seinem Leben – ob in seiner Kindheit, in der Armee, in seiner Ehe, vor Gericht oder im Gefängnis – spürt man bei ihm und manchmal auch bei sich selbst das Bedürfnis nach mehr Platz, mehr Luft, mehr Distanz.

»Ich hatte keinen *Zugang* zu streng geheimen Informationen!« flüstert er und holt vor Erregung so tief Luft, daß er gleich zu platzen scheint. »Wie sollte ich Geheimnisse verraten, die ich gar nicht kannte? Ich habe den Russen bloß ein paar harmlose Beweise dafür gegeben, daß es gefährlich wäre, die Schweiz anzugreifen!« Zorn übermannt ihn. *»C'était la dissuasion«*, brüllt er und droht mir mit dem Finger. Seine Augenbrauen sind über der Nase zusammengezogen. »Meine Absicht war, diese verrückten Bolschewiken im Kreml davon abzuschrecken, einen Angriff auf mein Land vorzubereiten! Ich habe ihnen gezeigt, wie teuer das für sie würde! Was bedeutet denn Dissuasion, *Abschreckung*, wenn die andere Seite nicht *abgeschreckt* wird? Denissenko hat das begriffen! Wir haben zusammen gegen die Bolschewiken gearbeitet!«

Er senkt die Stimme, um die Sache behutsamer zu erläutern: »Ich war nie ein Verräter. Ein Narr vielleicht. Aber nie ein Verräter!«

Seine Stimmungen wandeln sich schlagartig. Er hat keine Zeit. Er nutzt jeden Augenblick, der ihm geblieben ist, der Gerechtigkeit nachzugehen. Er kann Theater und Pantomine spielen. Er kann überkandidelt und hämisch sein, und er kann lachen. Er hat die Energie eines Mannes, der halb so alt ist wie er mit seinen achtzig Jahren. Eben noch steht er in Kampfstellung vor einem wie ein Boxer: gleich darauf sieht man nur noch seinen Soldatenrücken, während er sich, die Füße eng nebeneinander, zum Anzünden der Kerzen andächtig über den kleinen Küchentisch beugt. Er zünde sie täglich an, zur Erinnerung an seine verstorbene Frau, sagt er: eben die Frau, der er nie einen Vorwurf gemacht hat, daß sie mit seinem Schicksal geschlafen hat, dem sowjetischen Militärattaché und Geheimdienstoffizier Oberst Vassili Denissenko, kurz Deni genannt, der Anfang der sechziger Jahre in Bern stationiert war und Jeanmaire mühelos als Informanten angeworben hatte.

Er wedelt das Streichholz aus. Er hat die winzigen Finger eines Uhrmachers. »Aber Deni war ein attraktiver Mann!« beteuert er, und seine entrückten, blassen Augen fließen über vor Liebe, wobei nicht klar ist, ob er an seine Frau oder Deni oder an alle beide denkt. »Wenn ich eine Frau gewesen wäre, hätte ich selbst mit ihm geschlafen!«

Diese Erklärung ist ihm nicht peinlich. Trotz allem, was man ihm angetan hat, ist Jeanmaire noch immer verliebt: in seine Freunde, ob tot oder lebendig, in seine diversen Frauen und in seine früheren russischen Kontaktmänner. Es ist erschreckend, mit welcher Leichtigkeit dieser in seiner Treue so betrogene Mann auch weiterhin an seinem Vertrauen festhält. Man kann ihm unmöglich zuhören, ohne den Wunsch zu verspüren, ihn in Schutz zu nehmen. Deni sah gut aus! wiederholt er. Deni war kultiviert, charmant, ehrenwert, ein Gentleman! Deni war Held von Stalingrad, er hat die Schweizer Armee bewundert! Deni war kein Bolschewik: er war Kavallerist, Zarist, ein Offizier der alten Schule!

Deni, könnte er hinzufügen, war auch der bevollmächtigte Resident des GRU, also des sowjetischen militärischen Geheimdienstes, des armen Vetters des KGB. Aber das schien Jeanmaire nichts auszumachen. Vom KGB habe er, betont er mit Nachdruck, überhaupt zum erstenmal gehört, als er in der Gefängnisbücherei Bücher katalogisierte. Der GRU ist ihm sogar noch fremder. Er schwört, daß er in seiner gesamten militärischen Laufbahn nie auch nur im geringsten über diese Institutionen informiert worden sei.

Und Deni war *treu bis zum Ende,* wiederholt er und schlägt mit seiner kleinen Faust auf den Tisch wie ein Kind, das fürchtet, man höre ihm nicht zu: ›Das Ende‹ waren zwölf Jahre Einzelhaft in einer zwei mal drei Meter großen Zelle, nach ca. 170 Tagen Untersuchungshaft, in denen er abwechselnd von zivilen Untersuchungsbeamten und Militärs verhört wurde, gefolgt von fast fünf Monaten Haft, in denen er auf den Prozeß wartete, und einem nichtöffentlichen Militärtribunal von gerade vier Tagen Dauer. Die Urteilsbegründung ist noch immer unter Verschluß.

»Nach meiner Verhaftung schrieb Deni aus Moskau einen Brief an die *Literaturnaja Gaseta,* worin er mich als den größten Antikommunisten schilderte, den er je gekannt habe. Der Brief wurde in der Schweizer Presse veröffentlicht, in meinem Prozeß aber kein einziges Mal erwähnt. Ein solcher Brief war etwas Ungewöhnliches. Deni hat große Stücke auf mich gehalten.«

Ganz so hat Denissenko nicht über ihn geschrieben, aber was soll's. Er hat Jeanmaire als Nationalisten und Patrioten geschildert, und als solchen hat Denissenko sich selbst wahrscheinlich auch betrachtet.

Und noch immer geht die qualvolle Lobrede weiter. Deni habe ihn nie bedrängt, nie versucht, etwas gegen seinen Willen aus ihm herauszuquetschen. Ergo – war Denissenko ein ehrenwerter Mann! Nicht so ehrenwert, daß Jeanmaire sich von Deni zum Trinken hätte einladen lassen oder daß er von ihm einen Umschlag mit Geld angenommen oder daß Deni einen Brief mit Jeanmaires Unterschrift zu sehen bekommen hätte, aber dennoch ehrenwert: »Deni hatte ein Herz, er war ein Offizierskollege im besten Sinn!«

Vor allem aber war Deni *nobel*. Jeanmaire verleiht dieses Wort wie einen Orden. Jeanmaire wurde vorverurteilt, verunglimpft und eingekerkert. Er war so nahe daran, als Hexe verbrannt zu werden, wie die moderne Gesellschaft dies nur zuläßt. Er aber bittet lediglich darum, die Welt möge ihm vor seinem Tod seine edle Gesinnung wieder zuerkennen. Und ich hoffe, das tut sie. Wir alle würden das tun. Denn wer vermag einen Mann zu enttäuschen, dessen Gefühle so ansteckend und verwundbar sind?

Als ich unterstelle, er könnte auf den Liebhaber seiner Frau eifersüchtig gewesen sein, bringt Jeanmaire nur Verblüffung zum Ausdruck.

»*Eifersucht?*« wiederholt er, und seine beweglichen Augenbrauen schießen mißbilligend zusammen. »*Eifersucht?* Eifersucht ist das Laster der Beschränkten, während Vertrauen –«

Wir sind wieder auf seine Eitelkeit gestoßen, seine tragische, kindische, kratzbürstige Eitelkeit: Jeanmaire ist nicht beschränkt, das werde ich schon noch zu spüren bekommen! Und seine Frau war eine reine, gute, schöne Frau und wie Deni treu bis zum Ende! Auch wenn das Ende im Fall seiner Frau etwas früher kam, denn sie starb, als er noch im Gefängnis saß. Was auch sonst für Denis Charme sprechen mochte, billig war er jedenfalls nicht zu haben.

Aus dem Stapel von Zeitungsausschnitten zieht Jeanmaire ein verschwommenes Foto des großen Mannes, und ich versuche mir angestrengt vorzustellen, was seine Anziehungskraft ausmachte. Oder wirkte er nur auf Jeanmaire anziehend, und war Jeanmaire der einzige, der das je gespürt hatte? Russische Offiziere sind leider nur selten fotogen. Ich sehe in Deni bloß einen teiggesichtigen, nichtssagenden Militärbürokraten in grauem Anzug und mit einer Miene, als würde er sich lieber nicht fotografieren lassen.

Und Jeanmaire, dieser unschweizerische Schweizer, strahlt, als ob er gerade das Derby gewonnen hätte.

Lassen Sie mich kurz den Journalisten spielen. Jean-Louis Jeanmaire wurde 1910 in der kleinen Industriestadt Biel im Kanton Bern geboren, wo unter anderem tatsächlich die Uhren hergestellt werden, die mich an seine kleinen Hände erinnern. In Biel wird

Deutsch und Französisch gesprochen. Auch Jeanmaire ist zweisprachig, doch er betrachtet das Französische als seine erste Sprache und spricht sein Deutsch mit einem rauhen, nasalen, pseudo-preußischen Akzent, der für meine Ohren ganz und gar nicht schweizerisch klingt, aber ich bin ja auch nie bei der Schweizer Armee gewesen. Während ich seinen gerollten *R*s und geraspelten *A*s zuhöre, denke ich, wenn es so etwas wie Deutsch-Kanadisch gäbe, dann müßte man Jeanmaires Sprache so nennen. Sein Vater war ein Erzkonservativer von eisiger Rechtschaffenheit. Wie Jean-Louis nach ihm war er diplomierter Architekt. Seine Leidenschaft aber galt seinen Aufgaben als Oberst der Kavallerie und Mobilmachungsplatzkommandant der Stadt Biel. Der kleine Jeanmaire wurde also in einem Land, das zum Frieden verurteilt war, als Sohn eines Soldaten geboren und sehnte sich danach, Soldat zu sein. Bei Ausbruch des Ersten Weltkriegs war er vier, und er weiß noch genau, wie sein Vater in Uniform neben dem Weihnachtsbaum stand und wie sein großer und guter Patenonkel Tissot, ebenfalls in Uniform, auf einen Besuch vorbeikam.

»*So ein schöner Offizier*«, erinnert er sich an seinen Paten Edouard Tissot, und fast klingt es, als rede er von Deni.

Tissot war offenbar auch ohne seine Uniform ein schöner Mann. Wenn Jeanmaire ihn in seiner geräumigen Wohnung besuchte, lief sein Patenonkel nicht selten dort nackt herum. Aber nein, Tissot war nicht homosexuell! ruft er angewidert aus, und er, Jeanmaire sei es auch nicht! Diese Nacktheit war spartanisch, hatte nie etwas mit Sexualität zu tun.

Doch neben diesem Bild militärischen Glanzes hat Jeanmaire eine zweite und ganz andere frühe Erinnerung, die die sozialen Umwälzungen der damaligen Zeit deutlicher widerspiegelt: nämlich an den Schweizer Generalstreik von 1918, als die ›Bolschewiken von Biel‹, um die Straße zu verbarrikadieren, einen Zug zum Entgleisen brachten und dann auf der umgestürzten Lokomotive die rote Fahne hißten. Ihre Gewalt gegen Eigentum und ihr Mangel an Disziplin erschütterten den jungen Jeanmaire, und seine Liebe zur Armee steigerte sich womöglich noch. Bekäme er die Möglichkeit, Jeanmaire würde selbst heute noch aus der ganzen Welt eine Armee machen. Ohne seine Armee, so scheint es, sieht er sich selbst als einen Mann, der keine Eltern hat.

Jeanmaire ist nichts als das Produkt seiner Herkunft. Wer von der Schweiz nur ihre Hänge und Täler kennt, betrachtet den Schweizer Militarismus, falls er überhaupt etwas davon bemerkt, als einen harmlosen Scherz. Auf den gewundenen Bergstraßen können solche Leute nichts mit den kreisrunden Stahlplatten anfangen, in denen Sprengladungen gezündet werden, um die Täler gegen den Aggressor abzuschotten; den großen Eisentoren, die in geheime Bergfestungen führen, die teils als militärische Waffenlager dienen, teils als Zuflucht vor dem atomaren Holocaust eingerichtet sind; den selbstbewußten jungen Männern in Offiziersuniformen, die auf den Bürgersteigen umherstolzieren und sich an Wochenenden in den Tearooms großtun. Solche Leute wissen nichts von den ungeheuren jährlichen Ausgaben für amerikanische

Panzer und Kampfflugzeuge, Frühwarnsysteme und Zivilverteidigung, Luftschutzbunker und der (mit 625 000 Soldaten bei einer Bevölkerung von 6 500 000) nach Israel anteilmäßig größten stehenden Armee der Welt, was den Schweizer Steuerzahler achtzehn Prozent seines gesamten Staatshaushalts kostet – es waren auch schon einmal dreißig Prozent – oder jährlich 5,9 Milliarden Schweizer Franken. Wird der Alpenurlaub solcher Leute gelegentlich vom Kreischen der Tiefflieger oder vom Knattern halbautomatischer Gewehre im örtlichen Schießstand gestört, tun sie derlei Unannehmlichkeiten gewöhnlich als die entzückende Leidenschaft eines friedlichen Lilliputs, für die Kriegsspiele der Erwachsenen ab.

Und bis zu einem gewissen Grad bestärken die Schweizer in ihrem Umgang mit den unbedarften Fremden diese Ansicht, entweder, weil sie als Befürworter ihrer militärischen Moral sich mit leichtfertigen Erklärungen lieber zurückhalten oder weil es ihnen als Andersdenkenden peinlich ist zuzugeben, daß ihr Land sich in einem permanenten, geradezu zwanghaften Zustand der Quasi-Mobilmachung befindet. So oder so, die Schweizer Militärtradition ist für viele Schweizer der Inbegriff ihres Nationalgefühls. Und die dazu gehörende Kette aus Einfluß und Beziehungen ist wahrscheinlich die stärkste all der vielen Ketten, aus denen die komplizierte Struktur der inneren Macht der Schweiz sich zusammensetzt.

Für ihre radikaleren Gegner ist die Schweizer Armee schlichtweg ein kostspieliges Instrument zur gesellschaftlichen Unterdrückung, eine unsinnige Verschwendung von Steuergeldern, mit der die Klassenunterschiede des bürgerlichen Lebens in militärischer Form nachgebildet werden. Für ihre Verteidiger hingegen ist die Armee die Grundfeste der nationalen Einheit, indem sie die sprachlichen und kulturellen Unterschiede zwischen den Schweizer Volksgruppen überbrückt und die steigende Zahl von Eiwanderern in Schach hält, die das stolze alte Blut der freien Schweiz zu verwässern drohen. Vor allem aber, sagen ihre Verteidiger, schreckt die Armee den ausländischen Abenteurer ab. So wie die Verfechter der nuklearen Abschreckung behaupten, die Existenz der Bombe garantiere, daß sie nie zum Einsatz kommen werde, so behaupten die Befürworter des Schweizer Militarismus, die Armee habe die Neutralität – und damit das Überleben – ihres Landes in den aufeinanderfolgenden europäischen Kriegen sichergestellt.

Jean-Louis Jeanmaire – der sich noch immer rühmt, inhaftierte Kriegsdienstverweigerer zu einem Meinungswandel überredet zu haben – hat sich diesem Evangelium seit seiner Kindheit mit Leidenschaft verschrieben. Es wurde ihm von seinem Vater gepredigt und dann noch einmal von seinem Paten Tissot. Und im gleichen Atemzug lehrten sie ihn das nicht minder leidenschaftliche Evangelium des Antikommunismus. ›Gut‹, sagt Jeanmaire, bedeutete ›Patriot und Militarist‹. ›Böse‹ bedeutete ›Antimilitarist und Sozialist‹.

Aber die kleine Stadt Biel teilte die reaktionären Ansichten Tissots, Oberst Jeanmaires und seines Sohnes mitnichten. Die Einwohner Biels waren größtenteils Arbeiter. Als im November 1918 – in eben den Tagen, als Jeanmaire die Entgleisung des Zuges miterlebte – die Eisenbahnarbeiter für den Streik marschierten, machte die Armee kurzen Prozeß mit ihnen, stürmte in die Menge und erschoß einen der Demonstranten, erzählt Jeanmaire. Sein Vater und dessen Kameraden aber hätten ein Kontingent von Studenten des Technikums zusammengerufen, um die Gas- und Elektrizitätswerke in Betrieb zu halten, und die Bürger gegen den Pöbel bewaffnet. Interessanterweise erkennt die lokale Geschichtsschreibung Jeanmaires Vater eine solche Rolle nicht zu. Aber worin auch immer der Beitrag seines Vaters bei der Niederwerfung bestanden haben mag, seine konservative Einstellung machte dem jungen Jeanmaire das Leben nicht einfach, als er schließlich die örtliche Schule besuchen mußte. Vom ersten Tag an, sagt er, waren Schläge der mit Stöcken und Schläuchen von Autoreifen bewaffneten Lehrerschaft sein täglich Brot. Wenn er aufsässig war, wurde der kleine Jeanmaire an die Schulbank gefesselt: »Ich war der kleinste, aber nicht der dümmste«, sagt er grimmig.

Manche Jungen in dieser Lage hätten vielleicht gelernt, ihre Meinung für sich zu behalten, oder sie hätten sich klugerweise zu den Ansichten ihrer Unterdrücker bekehrt. Nicht so Jeanmaire. Stets gewohnt, seinen Standpunkt zu vertreten, tat er dies nun um so nachdrücklicher – dem zum Trotz, was er als allgemeine Heuchelei betrachtete. Sowohl in der Schule als auch später lernte er, sich auf sein eigenes Urteil zu verlassen und alles Mittelmäßige anzugreifen, ganz gleich, ob er es über oder unter sich auf der gesellschaftlichen Stufenleiter antraf.

Jeanmaire 1943, Hauptmann im Generalstab.

Er behielt diese Haltung auch während seines Erwachsenenlebens bei – während des Architekturstudiums, auf das er sich mit eindrucksvollem Ergebnis stürzte, als Auftakt zum Eintritt in die Armee und zu seiner Laufbahn als Infanterie-Ausbildungsoffizier, die er auf Befehl seines Paten Tissot einschlug. Der hatte ihm gesagt, er werde, wenn Jeanmaire sich der Artillerie anschlösse, nie mehr ein Wort mit ihm reden.

Anfangs ging es mit Jeanmaires Karriere gut voran. Nach der üblichen Probezeit wurde er 1937 Instruktor; drei Jahre später Hauptmann und nach sieben weiteren Jahren Major. Im Zweiten Weltkrieg tat er Dienst am Simplonpaß im Kanton Wallis, und 1956 wurde er zum Oberstleutnant befördert und bekam sein erstes Regiment.

Doch wie die ansonsten recht positive Einschätzung in Jeanmaires Heeresakte bezeugt, blieb während seines stetigen Aufstiegs der Ruf des Großmauls an ihm haften: Jeanmaire war ›intelligent und lebhaft‹, redete aber ›zuviel und zu unbedacht‹. Bei seiner Arbeit als Instruktor bei der Infanterie ließ er es an Respekt vermissen und legte sich mit seinen Vorgesetzten an. Er war ›fachtechnisch, aber nicht charakterlich geeignet‹, eine Ausbildungseinheit zu leiten. 1952 erhielt er sogar einmal acht Tage scharfen Arrest, weil er während eines Manövers »Offiziere eines ihm unterstellten Bataillons beschimpft hatte« – seiner eigenen Darstellung zufolge hat Jeanmaire freilich nur einen Parlamentsabgeordneten angepfiffen, weil der keinen Helm trug, und einen Maschinengewehrschützen als ›Arschloch‹ bezeichnet, weil dieser beinahe eine Gruppe von Beobachtern niedergemäht hätte.

Gewiß hatte Jeanmaire seine Anhänger, auch wenn deren Bewunderung für ihn von der Armee in der voreingenommenen Darstellung seiner Unzulänglichkeiten heruntergespielt wurde. Für einige seiner Vorgesetzten war er ein fähiger Offizier, ein guter Einfluß für seine Leute, ein tatkräftiger, lustiger Mensch. Dennoch bleibt der Eindruck von einem Mann, der wenig Geduld mit Narren hat und allzu heftig gegen die Grenzen seines Ranges und seines Kompetenzbereichs anrennt. Bestenfalls erscheint er als eine Art

Schweizer Miniaturausgabe von Lee Kwan Yew, den es drängt, große Visionen in einem Land zu verkünden, das zu klein ist, sie zu fassen.

Da Jeanmaires Ankläger um ein Motiv verlegen waren, hatten sie natürlich allen Grund, seine militärische Karriere in schlechtem Licht darzustellen. An allen Ecken und Enden hatten sie nach den dreißig Silberlingen gesucht, aber nichts gefunden als eine Handvoll Kleingeld. Und nicht einmal der erbittertste Feind Jeanmaires hatte ihm heimliche Sympathien für die Kommunisten anhängen können.

Also entschieden sie am Ende, daß Jeanmaires Versetzung zum Luftschutz im Jahre 1956 der Zeitpunkt seines Überwechselns war; gefolgt 1962 von seiner Nichtbeachtung bei der Ernennung des Chefs der Abteilung für Territorialdienst und Luftschutztruppen, was ihn zwang, weitere sieben Jahre zu warten, aber dann waren die beiden Verantwortungsbereiche aufgeteilt, und Jeanmaire bekam nur die Abteilung Luftschutztruppen zugewiesen. Jeanmaire, so wurde argumentiert, war ›enttäuscht und traumatisiert‹, nachdem er zunächst die glorreiche Infanterie zugunsten der unrühmlichen Luftschutztruppen verlassen und dann auch noch mit ansehen mußte, wie ein geringerer Mann an ihm vorbei befördert wurde. Jeanmaire streitet das hartnäckig ab; vielleicht zu hartnäckig. Die Armee sei immer gut zu ihm gewesen, beteuert er; er habe einen Rang bekleidet und auf der Gästeliste der Diplomatenrunde der in Bern ansässigen Militärattachés und Dienste gestanden; und als er 1969 endlich zum Brigadier befördert wurde, bekam er auch eine Wohnung in Bern.

Blick

Jeanmaire

Freitag, 8. Oktober 1976 — 60 Rp.

MORGEN SAMSTAG am besten gleich zu Möbel-Pfister

● Auf Seite 3: So geht es weiter

● Seite 9: Folgen auch für Gnägi?

Der Verräter des Jahrhunderts

Auf einen Blick

Ausgefallen

Frau Aussenminister

18 Monate Frist

Olma eröffnet

Rosenbauer geht

Grundpreis angeben

VON KARL VÖGELI

BERN — Informationen über Kriegsmobilmachung, Organisation für Gesamtverteidigung und persönliche Verhältnisse von Politikern und Militärs: Alt-Brigadier Jean-Louis Jeanmaire (66) hat den Sowjets alles, alles verraten, was er wusste! Das musste gestern ein bleicher und sichtlich mitgenommener Justizminister Furgler den geschockten Parlamentariern mitteilen.

Die Todesstrafe für den Verräter und »Lump« Jeanmaire forderte letzte Woche ein Basler Nationalrat. Wir sind nicht für die Todesstrafe, in keinem Fall, aber man wird für die Empörung und die Enttäuschung, die hinter dieser Forderung stehen, Verständnis haben.

Jetzt heisst es handeln!

Jetzt erst recht, nachdem sich herausgestellt hat, dass Jeanmaire wirklich die geheimsten Dinge verraten hat.

Aber: Nicht die Diskussion um die Bestrafung des Verräters, nicht die Suche nach allfälligen Mitschuldigen und nicht ein allgemeines Misstrauen gegenüber der Armee und seiner Leitung helfen uns jetzt aus der Patsche.

Jetzt gilt es, die Folgen des Verrates so schnell wie möglich zu beheben und alles zu tun, damit sich ein solcher Fall nicht wiederholen kann.

Das aber kostet Geld. Im Interesse einer glaubwürdigen Landesverteidigung und damit unserer Sicherheit darf uns das nicht reuen.

Lesen Sie bitte weiter auf Seite 3

Die Titelseite von Blick *am 8. Oktober 1976.*

Und er hatte eine Frau, von der er noch immer wenig erzählt, außer daß sie die Treue in Person war und bis zum Ende zu ihm hielt; und daß sie schön war, was tatsächlich stimmt; und daß er täglich zu ihrem Gedenken eine Kerze anzündet.

Die Armee steht für Jeanmaire über allem. Auch heute noch. Selbst im tiefsten Abgrund seines Unglücks ließ er nicht von seinem Glauben ab. Er wartete noch im Gefängnis auf seinen Prozeß, als am 7. Oktober 1976 der Schweizer Justizminister Kurt Furgler im Parlament die ›Verratstätigkeit‹ Jeanmaires, seine ›verwerfliche Einstellung‹ und seinen Verrat »aus dem Bereich der Kriegsmobilmachung, aus dem er geheimste Unterlagen und Informationen geliefert hat«, anprangerte. Am nächsten Tag brandmarkte *Blick*, die äußerst streitbare Boulevardzeitung der Schweiz, Jeanmaire mit dicken Schlagzeilen als ›Verräter des Jahrhunderts‹ und brachte Fotos des Beschuldigten und seines Anklägers auf der Titelseite. In den Chor einstimmend, bekannte Bundespräsident Rudolf Gnägi kurz darauf vor einer Versammlung seiner Partei, daß er »zutiefst enttäuscht sei, daß eine so niederträchtige Handlung durch einen so hohen Offizier begangen werden konnte«, und forderte, es müsse »die ganze Schwere des Gesetzes zur Anwendung kommen«. In manchen Ländern des Westens würden solche Reden einen Prozeß unmöglich machen, aber die Schweiz gehört nicht dazu. Die Schweiz mag die Europäische Menschenrechtserklärung unterzeichnet haben, aber sie hat kein Gesetz, das die öffentliche Vorverurteilung eines Menschen verhindert, der noch auf seinen Prozeß wartet. Furgler beschuldigte auch Jeanmaires Frau und behauptete, sie habe von den verräterischen Aktivitäten ihres Mannes gewußt und ihm in den Anfangsjahren dabei geholfen. (Die Anklage gegen Frau Jeanmaire wurde schließlich fallengelassen.) Auch die schweizerische Versicherungsgesellschaft Winterthur, von der die Jeanmaires ihre Wohnung gemietet hatten, zog es vor, nicht erst das Urteil des Militärgerichts abzuwarten, sondern ihnen gleich zu kündigen und die Frau auf die Straße zu setzen. Nur durch die Intervention des Gefängnispfarrers ließen sie sich erweichen, so daß Jeanmaires Frau bis zu ihrem Tod in der Wohnung bleiben konnte.

Doch von all diesen kalkulierten Demütigungen hat ihn bis auf den heutigen Tag am meisten verletzt, daß *seine geliebte Armee*, ebenfalls noch vor dem Prozeß, ihm ›auf Ewigkeit‹ seine Pension entzogen hat. Der Grund dafür war einer angesehenen Tageszeitung zufolge der Volkszorn. »Ein Sprecher der Versicherungskasse wies auf den Druck hin, dem die Amtsstellen von Seiten der zornigen Bürger ausgesetzt gewesen seien. In einer Flut von Briefen sei gefordert worden, daß man einem Jeanmaire kein weiteres Bundesgeld auszahlen solle.«

Für einen Augenblick scheinen die blassen Babyaugen sich erdreisten zu wollen, ohne seine Erlaubnis zu weinen. Sie füllen sich mit Tränen, sind kurz vorm Überlaufen. Aber der alte Soldat redet schroff darüber hinweg, und die Tränen wagen sich nicht weiter.

»Ein solches Verbrechen hat es noch nie gegeben«, sagt er.

»Ich bin im Gefängnis kein Sklave gewesen, aber ich habe gehorcht!« erklärt Jeanmaire und beeilt sich wieder einmal, alte Freunde in Schutz zu nehmen: »Nein, nein, das waren gute Leute, meine Mitgefangenen! Es hat kein böses Blut gegeben! Ich bin wegen meiner angeblichen Taten nie schikaniert oder beleidigt worden. Ich habe mich von keinem einzigen der anderen Gefangenen bedroht gefühlt! Ich habe mich immer bemüht, die Jüngeren vor den Gefahren des Gefängnisses zu warnen. Ich bin wie ein Vater zu ihnen gewesen.«

Wir sitzen an seinem kleinen Tisch, essen sein Fondue, teilen bei Kerzenlicht wie Zellengenossen unsere gehorteten Rationen.

Er redet vom ersten Schock der Inhaftierung: von den furchtbaren ersten Tagen und Nächten.

»Man hat mir die Uhr abgenommen. Man glaubte, ich könnte mich damit umbringen. Ohne Uhr in Einzelhaft zu sitzen ist sehr schlimm. Eine Uhr gibt dem Tag einen Rhythmus. Wenn man frei ist, geht man ans Telefon, ins Bad, in die Küche, zum Bücherregal, in den Garten, ins Café, zur Frau. Die Uhr sagt einem wann. Ohne Uhr machen sich diese Instinkte im Gefängnis fordernd und wirr im Kopf bemerkbar, auch wenn man ihnen nicht nach Belieben folgen kann. Sie bedeuten Freiheit. Eine Uhr ist Freiheit.«

Aber Jeanmaires geistige Gesundheit scheint trotz seiner qualvollen Erfahrungen ebenso makellos wie die polierten Stahlnäpfe, die er aus seiner Gefängniszeit aufbewahrt hat. Er besitzt ein außerordentliches Gedächtnis für Daten, Orte und Gespräche. Er wurde monatelang ununterbrochen von einer sich abwechselnden Truppe professioneller Frager verhört: von Polizisten, Anwälten und Episodendarstellern aus der Halbwelt der Spionage. Selbst im Gefängnishospital, als er beinahe im Sterben lag, wurde er verhört. Seit seiner Freilassung hat er dem Fernsehen und der Presse Interviews gegeben und mit einer wachsenden Anzahl von besorgten Schweizern und Schweizerinnen des öffentlichen Lebens gesprochen, die seine Ansicht, daß er das Opfer eines großen Unrechts ist, zu teilen beginnen.

Gewiß macht er Ausflüchte. Man stößt auf sie wie auf Nebelfelder auf einer ansonsten freien Straße: gewollte Unklarheiten, wo er sich selbst oder Dritten gegenüber Milde walten läßt. Zum Beispiel, wenn man auf die heikle Angelegenheit der Affäre seiner Frau mit Denissenko zu sprechen kommt – wann hat die Sache angefangen, bitte? Wie lange hat sie gedauert, bitte? Wann hat er zum erstenmal davon erfahren, und welche Rolle hat das bei seiner Kollaboration gespielt? Zum Beispiel bei der Zahl seiner Begegnungen mit den einander folgenden sowjetischen Kontaktleuten, und welche Informationen und Dokumente sind bei dieser oder jener Gelegenheit übergeben worden? Beachten Sie, wir reden nicht von der Erfindung der H-Bombe, sondern davon, wie die Schweizer auf den unwahrscheinlichen Anblick einer über die Züricher Bahnhofstraße donnernden Invasionstruppe von sowjetischen Panzern reagieren würden.

Am schwierigsten ist bei all dem festzustellen, in welchem Ausmaß Jeanmaire sich über sein Tun Rechenschaft ablegte – welches Bewußtsein er hatte, wie die Spione das nennen –, während er auf der fatalen schiefen Ebene der Unterwerfung immer tiefer nach unten rutschte. Hier haben wir nicht nur den Selbstbetrug zur Zeit der Tat in Rechnung zu stellen, sondern auch in der Folge fünfzehn Jahre Selbstrechtfertigung und Selbstbesinnung, zwölf davon im Gefängnis, wo ein Mensch wenig anderes zu tun hat, als seine Geschichte noch einmal zu durchleben und manchmal auch neu zu schreiben.

Aber die innere Übereinstimmung der Details in Jeanmaires Geschichte wäre auch bei jeder anderen so häufig erzählten Geschichte bemerkenswert. Jeanmaire schreibt dies dem Drill seiner militärischen Ausbildung zu. Wahrscheinlicher aber kommt mir vor, daß er das seltenste der Geschöpfe Gottes ist: ein Spion, der, selbst wenn er täuschen will, nicht das leiseste Talent dazu hat.

Im Verhör war Jeanmaire eine komplette Katastrophe; die Qualen der plötzlichen Inhaftierung hatten auf einen so zielstrebigen und geselligen Geist eine erstaunliche und prompte Wirkung.

»Es gab Augenblicke, in denen ich auf die Anschuldigung, siebenmal auf meine Frau eingestochen zu haben, gesagt haben würde: ›Nein, nein, *achtmal!*‹ Immer wieder haben sie mir die Freiheit versprochen: ›Gestehen Sie das, und heute abend sind Sie ein freier Mann.‹ Also habe ich es gestanden. Ich habe mehr gestanden, als ich getan hatte.

Wenn man in eine Zelle eingesperrt wird, begehrt man erst einmal gegen sich selber auf. Man verflucht sich, man schimpft sich einen verdammten Narren. Man gibt nur sich selbst Schuld. Man verteidigt sich, dann gibt man nach, dann bekommt man Schuldgefühle. Zum Beispiel fühlte ich mich schuldig, daß ich überhaupt jemals mit Russen gesprochen hatte. Ich fühlte mich schuldig, weil ich mich mit ihnen *getroffen* hatte, obwohl das doch meine Aufgabe war. Danach kam der Optimismus, das Gericht werde die Wahrheit schon ans Licht bringen, und man ermutigte mich, daran zu glauben. Ich bin selbst Richter gewesen, bei fünfzig Prozessen. Ich habe an militärische Rechtsprechung geglaubt. Und glaube noch immer daran. Aber ich erlebte ein Gemetzel.«

Mit dieser Überzeugung ist er nicht mehr allein. Heute spüren die Hexenverbrenner von vor fünfzehn Jahren die Hitze an den eigenen Knöcheln. Jenes verspätete Gefühl für Fairplay, das sich in der Schweiz wie in anderen Demokratien gelegentlich im Gefolge einer erkannten Ausschreitung der Justiz bemerkbar macht, verlangt nach Beschwichtigung. Eine jüngere Schweiz fordert größere Offenheit in ihren Angelegenheiten. Eine immer freimütigere Presse, eine Flut von Bank- und Regierungsskandalen, jetzt pauschal als ›Affäre Kopp‹ bezeichnet, nach der ersten weiblichen Bundesrätin und Justizministerin, die in Ungnade fiel, weil sie ihren Mann, einen Anwalt, auf die Gefahr hingewiesen hatte, daß er in eine amtliche Untersuchung über Geldwäscherei verwickelt werden könnte – all das hat kräftig an die Türen heimlicher Regierungsarbeit gepocht.

Die neuen Männer und Frauen sind verärgert über den Filz inoffizieller Macht, und mit einem Mal nimmt die Öffentlichkeit den am wenigsten faßbaren Filz ins Visier: die Schweizer Nachrichtendienste. Nicht

Jeanmaire, sondern den ›Schnüfflern von Bern‹ und den professionellen Spionagediensten wird vorgeworfen, ihre Geheimnisse für Geld zu verraten, harmlose Bürger zu bespitzeln, Dossiers in solchen Massen anzulegen, daß selbst ein fünfmal so großes Land wie die Schweiz in Verlegenheit geriete, und von nicht existierenden Feinden zu phantasieren.

Und während in den sittsamen Straßen von Bern jugendliche Demonstranten lautstark nach mehr *Glasnost* verlangen, geht nun die unwahrscheinliche Gestalt Jeanmaires, des Erzkonservativen und Militaristen, des Mannes, der öffentliches Aufbegehren so lange Zeit verachtet hat, im Geiste mit ihnen, nicht als ›Verräter des Jahrhunderts‹, sondern als ein fehlerhafter, moderner Dreyfus, hereingelegt von niederträchtigen Leuten im Hintergrund, die nur ihren eigenen Verrat vertuschen wollten. In den nächsten Wochen wird er erfahren, ob es zu einer Wiederaufnahme seines Falles kommen wird.

Aber was auch immer am Ende herauskommen wird, die Geschichte von Jean-Louis Jeanmaire wird äußerst ungewöhnlich bleiben: als Tragikomödie über die Einstellungen der Schweizer zu Militär und Gesellschaft; als Beispiel schier unglaublicher menschlicher Naivität; und als warnendes Exempel eines im großen und ganzen Unschuldigen unter professionellen Informationssammlern. Denn Jeanmaire war nach jeder juristischen Definition ein Spion. Er wurde verführt, auch wenn er selbst sein eigener Verführer war. Er übergab sowjetischen Militärdiplomaten ohne Wissen oder Billigung seiner Vorgesetzten geheime Dokumente, auch wenn diese kaum einen ersichtlichen Nutzen für den Feind hatten. Er erhielt für seine Mühen Lohn, auch wenn dieser belanglos war und er damit einzig und allein sein Ego befriedigte. Unreif war er auf jeden Fall und außerordentlich leichtgläubig. Aber er war kein Kind. Zur Zeit seiner Rekrutierung war er bereits Oberst und hatte dreißig Jahre Soldatenleben auf dem Buckel.

Wir reden also nicht unbedingt von Jeanmaires Schuld vor dem Gesetz, sondern eher von dem Preis, den er für Verbrechen bezahlt haben mag, die er schlichtweg gar nicht begangen haben konnte. Und wir beobachten, wie eine Kombination aus Zufall, Unschuld und hochmütiger Eitelkeit das unaufhaltsame Räderwerk der Vernichtung eines Mannes in Gang setzte.

»Meine zwei großen Verbrechen sind wie folgt«, bellt Jeanmaire und streckt seine zierlichen Finger aus, um die Verbrechen abzuzählen, während er wieder an mir vorbei die Wand anstarrt. »Erstens, ich hatte charakterliche Schwächen. Zweitens, ich war Militärrichter. Ende.«

Aber sein allergrößtes Verbrechen erwähnte er nicht: eine strahlende abgrundtiefe Einfalt und eine unheilbare Zuneigung für den Mitmenschen, der ihm nie hinreichend die Liebe vergelten konnte, die Jeanmaire seinem Gefühl nach zustand.

Die Geschichte von Jeanmaires Brautwerbung und Ehe bietet einmal mehr Anlaß, das grausame Geflecht von Zufällen zu bestaunen, das ihn ins Verderben führte. Denn eins steht fest: wenn Jeanmaire sich im Juni 1942 nicht unschuldig in eine gewisse Marie-

Marie-Louise Burtscher, bevor sie Jeanmaire kennenlernte, mit ihrem ersten Verlobten.

Louise Burtscher, geboren am 12. Oktober 1916 in Theodosia, Rußland, verliebt hätte, und wenn die beiden im Jahr darauf nicht geheiratet hätten, würde er jetzt in allen Ehren seinen Ruhestand verbringen. Er lernte sie auf einer Zugfahrt von Bern nach Freiburg kennen. Sie kam in sein Abteil und setzte sich: »Es war Liebe auf den ersten Blick!« Sie unterhielten sich, und da ihm nichts Besseres einfiel, plauderte er von der Armee. Sie arbeitete als Sekretärin bei einem Bundesamt, sagte sie; und ja, er könne sie zum Essen ausführen. Also führte er sie am nächsten Mittwoch in das Restaurant du Théâtre in Bern, wozu er natürlich seine Uniform trug.

»So begann die große Liebe. Ich habe nichts zu bereuen. Sie war eine gute, reizende, liebe Kameradin.«

Als Kameradin bezeichnet er sie immer wieder. Aber nicht ihre Kameradschaft, sondern ihre Vergangenheit wurde das zufällige Werkzeug von Jeanmaires Vernichtung. Marie-Louise Burtscher war die Tochter eines Schweizer Sprachenprofessors, der zur Zeit der Revolution in Theodosia lehrte. Und von dort floh die Familie, ohne einen Pfennig und von den Bolschewiken vertrieben, 1919 in die Schweiz. Seine letzten Jahre verbrachte der Professor damit, als Übersetzer zu arbeiten, und als Jeanmaire Marie-Louise kennenlernte, war er bereits tot.

Aber Marie-Louises Mutter Juliette blieb am Leben und übte auf Jeanmaire einen starken und dauerhaften Einfluß aus – einen stärkeren noch, so will es fast scheinen, als ihre Tochter. Jeanmaire übernahm nicht nur die Verantwortung für ihren Unterhalt, sondern verbrachte auch viel Zeit in ihrer Gesellschaft. Und

Juliette redete – mit nicht enden wollender Begeisterung – vom alten Rußland der Zarenzeit. Die Bolschewiken seien Bestien, sagte sie, sie hätten sie aus ihrem Zuhause vertrieben, wohl wahr. Aber die Bolschewiken seien keine echten Russen. »Die echten Russen sind Leute vom Land«, erklärte sie Jeanmaire immer wieder. »Es sind Bauern, Gutsbesitzer, intelligente, kultivierte, sehr fromme Menschen. Es ist mein größter Wunsch, nach Rußland zurückzukehren und dort begraben zu werden.«

So wurde Juliette rein durch Zufall auch einer von Jeanmaires Instruktoren und nahm ihren Platz neben seinem Vater und seinem Paten Tissot ein. Ihr fataler Beitrag bestand darin, in ihm eine romantische Liebe für Mütterchen Rußland zu wecken und einen, falls das möglich ist, noch größeren Haß auf die räuberischen Bolschewiken, seien sie nun aus Biel oder Theodosia. »Juliette liebte Rußland mit der Seele«, sagt Jeanmaire andächtig. Und man kann sich leicht vorstellen, daß er, wie immer, wenn er jemanden als Erzieher anerkannt hatte, sich bemühte, ihrem Beispiel zu folgen.

Zu Beginn der Ehe lebte das Paar in Lausanne und dann an den jeweiligen Standorten Jeanmaires, bis es sich endgültig in Lausanne niederließ. 1947 gebar Marie-Louise einen Sohn, Jean-Marc, der jetzt bei einer Bank in Genf arbeitet. Als Gegenleistung für den Unterhalt leistete Juliette ihrer Tochter Gesellschaft, wenn Jeanmaire nicht anwesend war, und half ihr das Kind versorgen. Das Paar verbrachte etwa ein Drittel jeden Jahres zusammen – die restliche Zeit war Jeanmaire bei der Armee. »Meine Frau hat nie intrigiert, sie war nicht eitel. Man konnte ihr anmerken, daß sie das Leben ganz unten, als Kind armer Leute begonnen hatte. Sie hatte keine Freundinnen. Sie war eine Frau, die an sich selbst genug hatte. Sie las sehr viel, ging spazieren und war eine gute Gastgeberin.« Und wieder gebraucht er das Wort, diesmal noch deutlicher: »Sie war eher eine Kameradin als eine Ehefrau.«

Und das ist alles, was er über sie sagt: nur noch, daß sein Anwalt ihm geraten habe, nicht mehr zu sagen, und daß er, Jeanmaire, nicht wisse, warum. Aber es reicht als Vorbereitung für den Auftritt von Oberst Vassili Denissenko.

April 1959, im schönen Brissago in der italienischen Schweiz; die Luftschutztruppen der Schweizer Armee geben unter der fähigen Leitung von Oberst Jeanmaire eine Demonstration ihres Könnens. Sämtliche in Bern akkreditierten ausländischen Militärattachés sind eingeladen, und die meisten sind gekommen.

Der Höhepunkt solch einer Demonstration kommt traditionsgemäß am Ende. Hierzu hat Jeanmaire mit viel Geschick die kontrollierte Explosion eines Hauses am Rand des Sees inszeniert. Die Bombe schlägt ein, das Haus fällt zusammen, Flammen schlagen heraus, im Innern müssen alle tot sein. Aber nein! Im Handumdrehen sind Sanitäter mit Tragen zur Stelle, um die verbrannten und blutenden Opfer zu bergen und schnellstens ins Feldlazarett zu bringen!

Die Sache läuft hervorragend. Im Schutz des Rauchs hat Jeanmaire seine ›Opfer‹ aus dem sicheren Wasser um das Haus herumgeführt, wo sie rechtzeitig auf ihre Bahren steigen und sich ›retten‹ lassen können. Das Ganze wirkt äußerst realistisch. Die vornehmen Gäste applaudieren, als Jeanmaire dem ranghöheren Offizier formell meldet, daß die Demonstration beendet ist. Anschließend hält Oberst Vassili Denissenko von der sowjetischen Botschaft in Bern eine kurze Rede, in der er im Namen seiner Kollegen Dank und Bewunderung zum Ausdruck bringt. Durch eine Laune des Protokolls ist Denissenko heute nämlich, obwohl erst vor kurzem eingetroffen, der Doyen der Militärattachés von Bern. Nach beendeter Rede wendet er sich an Jeanmaire und stellt ihm vor versammelter Mannschaft eine – ob im Scherz oder Ernst – sehr russische Frage: »Sagen Sie mir, Oberst, wie viele Tote sind Ihnen für diese Demonstration zugestanden worden?«

Jeanmaires Antwort war seiner eigenen Darstellung zufolge alles andere als diplomatisch: »Wir leben hier nicht wie Sie in Rußland in einer Diktatur. Wir befinden uns in der demokratischen Schweiz, und die Antwort auf Ihre Frage lautet: ›Keine.‹ Ich kann mir keinen einzigen Verletzten erlauben.«

Denissenko enthält sich eines Kommentars, und die Gesellschaft begibt sich zum Essen nach Ponte Brolla, wo Jeanmaire, noch immer strahlend über seinen Erfolg, aufgrund der vom Protokoll verlangten Sitzordnung seinen Platz neben Denissenko hat. Hier nun Jeanmaires Darstellung ihres ersten Gesprächs: »Damit es da keine Mißverständnisse gibt, Oberst«, fängt Jeanmaire an, »ich habe etwas gegen die Sowjets. Gegen Sie persönlich habe ich nichts, da Sie als einzelner ja nichts an der Schweinerei ändern können, die die Russen im Zweiten Weltkrieg und mit der bolschewistischen Revolution über die Welt gebracht haben!«

Denissenko fragt, warum Jeanmaire einen solchen Haß gegen die Russen hege.

»Wegen meiner Schwiegereltern«, antwortet Jeanmaire, jetzt richtig in Fahrt. »Sie wurden 1919 aus Rußland vertrieben und mußten in die Schweiz fliehen. Sie kamen völlig mittellos hier an. Als Folge davon mußte ich für sie sorgen.«

Worauf Denissenko – spontan, sagt Jeanmaire – antwortet: »Das ist eine schreckliche Geschichte. Auch ich bin mit solchem Verhalten nicht einverstanden. Sie dürfen niemals die Bolschewiken mit den Russen verwechseln. Die Bolschewiken sind Banditen.«

Jeanmaire muß sogleich an die Geschichten seiner verstorbenen Schweigermutter denken: »In diesem Augenblick habe ich in ihm den zaristischen Offizier erkannt«, erinnert er sich schlicht.

Auch Denissenko mag in Jeanmaire etwas wiedererkannt haben, denn bald kommt er wieder auf das Unrecht zu sprechen, das Jeanmaires Schwiegereltern angetan wurde: »Das wollen wir wiedergutmachen«, sagt er. »Das Eigentum sollte zurückgegeben werden. Und Sie sollten eine Entschädigung erhalten.«

Aber Jeanmaire reitet seine Attacke immer weiter: »Und sehen Sie mal! Was war denn mit dieser abscheulichen Sache vor drei Jahren in Budapest?« fragt er und spielt auf die sowjetische Niederwerfung des ungarischen Aufstandes an.

Jeanmaire mit US-General Westmoreland 1969 in der Schweiz.

Und wieder bekundet Denissenko hastig seine Abneigung gegen die Bolschewiken: »Ich stimme hundertprozentig mit Ihnen überein. Und lassen Sie mich noch etwas sagen, 1966 wird ein gewisser russischer Offizier als Militärattaché nach Bern kommen, zu dem Sie keinerlei Kontakt haben sollten. Er hat nämlich die ganze Sache in Budapest organisiert.«

Damit – sagt Jeanmaire – warnte Denissenko ihn vor Zapienko, der tatsächlich 1966 nach Bern kam; und Jeanmaire ging ihm, genau wie Deni ihm geraten hatte, aus dem Weg.

Im Sinne geheimdienstlicher Tätigkeit hatte der Reiter Denissenko bis dahin eine fehlerlose Runde absolviert. Er hatte sich als Antikommunist präsentiert. Er hatte geschickt die Möglichkeit angedeutet, daß Jeanmaire von den Russen Geld bekommen könnte. Er hatte die Tür für weitere Kontakte offengelassen. Und mit der Warnung vor Zapienko hatte Denissenko Jeanmaire psychologisch verpflichtet, sich auch einmal mit einem Gefallen oder einer vertraulichen Mitteilung zu revanchieren. Doch bis zum heutigen Tag scheint Jeanmaire nicht glauben zu können, daß Denissenkos Manöver nichts anderes als die klassischen Annäherungsversuche eines fähigen Geheimdienstoffiziers waren.

»Er hat nicht gedrängt. Er hat keine Andeutungen gemacht«, beharrt er. »Er war in jeder Hinsicht korrekt. Er war ein großer Bewunderer der Schweizer Armee.«

Nach der Versammlung eilte Jeanmaire nach Hause, um seiner Frau die erstaunlichen Neuigkeiten mitzuteilen. So, wie er seine Worte jetzt wiederholt, klingen sie wie die ungestüme Erklärung eines jungen Verliebten an seine Mutter: »Er entspricht genau dem, was deine Mutter Juliette immer geliebt hat! Ein echter, großartiger zaristischer Offizier! Wie schade, daß sie ihn nicht mehr kennenlernen kann!«

Jeanmaire war von Denissenko so begeistert, daß er darauf bestand, daß Marie-Louise ihn im nächsten Monat nach Bern zu einem britischen Diplomatenempfang im Hotel Schweizerhof begleiten sollte, damit sie selbst Denissenko kennenlernen konnte. Sie kam also mit, und Jeanmaire beeilte sich, sie mit seiner Entdeckung bekanntzumachen. Denissenko fragte Marie-Louise auf Russisch, ob sie ebenfalls Russisch spreche. Sie verstand die Frage und sagte nein. Danach unterhielten sich die beiden auf Deutsch.

»Sie sah in ihm einen Menschen, der wie sie selbst in Rußland geboren war«, sagt Jeanmaire, um das Vergnügen seiner Frau an dieser ersten Begegnung zu erklären. Und dann: »Man weiß nie, was im Kopf einer Frau vorgeht. Im übrigen ist nichts passiert.«

Während er so von seiner Frau erzählt, ist Jeanmaire wieder einmal viel zu allgemein, allzusehr auf der Hut. Hier verbirgt sich noch eine andere Geschichte, aber die erzählt er nicht – jedenfalls nicht mir, aber sich selbst vielleicht auch nicht.

In jenem Jahr trafen sich Jeanmaire und Denissenko noch auf mehreren Empfängen. Jeanmaire zufolge kam Marie-Louise nur dieses eine Mal mit. Gelegentlich war Denissenkos Frau dabei – nach Jeanmaires Beschreibung eine freundliche, mollige, nicht sonderlich hübsche Frau, fast schon eine russische *babuschka*. Aber die Achse war zweifellos zwischen den Männern: »Deni war ein interessanter Gesprächspartner und fühlte sich mir wegen des Unrechts, das meinen Schwiegereltern angetan worden war, verpflichtet. Mag sein, daß er meine Frau dabei im Hinterkopf hatte. Ich weiß es nicht. Bis dahin war noch nichts passiert.« Und damit versichert mir Jeanmaire zum zweitenmal, daß zwischen Deni und Marie-Louise bis dahin noch nichts passiert war. Wie konnte er das wissen? frage ich mich – es sei denn, er weiß mehr, als er sagt. Wann *ist* denn etwas passiert? – und hat er es damals auch gewußt?

Bei einer dieser Begegnungen lud Denissenko ihn zum Essen ein. Als er, wie immer während seiner Liaison mit den Russen, seinen Brigadier im voraus davon informierte, habe dieser ihm *»bon appetit«* gewünscht, erzählt Jeanmaire.

Die beiden Männer fuhren in Denissenkos Mercedes nach Belp am Stadtrand von Bern und gingen in das von Denissenko ausgewählte Restaurant Kreuz. Beim Essen sprach Denissenko zunächst über die Schlacht von Stalingrad, an der er als Fliegerhauptmann teilgenommen hatte. Er sprach lange von den Schrecken und Heldentaten des Kriegs. Jeanmaire, der Schweizer Soldat, war begeistert, eine der großen Belagerungen der Geschichte indirekt miterleben zu dürfen. Das Gespräch verlagerte sich auf den Bau der neuen Autobahn Genf–Lausanne durch Morges und die Verwendung von Autobahn-Unterführungen als Schutzbunker gegen atomare Luftangriffe. Denissenkos detaillierte Kenntnisse der Gegend um Morges beeindruckten Jeanmaire. Denissenko trank keinen Schnaps und nur wenig Wein – wegen seines Herzens, erklärte er. Jeanmaire trank unbekümmerter, aber nicht übermäßig. Dies zieht sich wie ein Refrain durch Jeanmaires Erzählung. Im Jahr darauf kam es zu weiteren Treffen, aber erst volle zwei Jahre nach der Begegnung in Brissago luden die Jeanmaires Denissenko zum Essen ein, wie üblich – behauptet Jeanmaire – mit vorheriger Genehmigung seiner Vorgesetzten.

Denissenko wurde von seinem Chauffeur vorgefahren, und er strahlte vor Aufregung. Man schrieb den 13. April 1961. Tags zuvor hatte Gagarin als erster Mensch im Weltraum die Erde umkreist. Denis Be-

Auf dem Balkon von Jeanmaires Wohnung Ende Mai 1964. Links Marie-Louise, rechts Vassili Denissenkos Frau.

geisterung wurde von Jeanmaire spontan geteilt. Im Gegensatz zum Pentagon, das ob der Neuigkeit schier durchdrehte, scheint Jeanmaire von diesem Triumpf der Russen entzückt gewesen zu sein. Die Gesellschaft ging zum Essen nach Savigny, außerhalb Lausannes, wo sie den ganzen Abend über den Wettlauf im Weltall diskutierten. Der Chef der örtlichen Polizei kam herein und setzte sich auf Jeanmaires Einladung hin auf ein Glas zu ihnen. Wenn er mit ausländischen Attachés ausging, bezahlte Jeanmaire seine Rechnung prinzipiell selbst, und das tat er auch an diesem Abend. Nach dem Essen fuhr die Gesellschaft in den Lausanner Nachtklub Tabaris, wo Jeanmaire

Denissenko mit der Geschäftsführerin bekanntmachte. »Ich war stolz darauf, mich mit diesem Mann zeigen zu können. Man konnte sich mit ihm sehen lassen: immer gut gekleidet – wir waren in Zivilkleidung –, dezent, aber sorgfältig ausgewählt. Er war ein Gorbatschow. Wenn ich heute an Denissenko denke, sehe ich Gorbatschow vor mir. Ich habe *Glasnost* fünfundzwanzig Jahre vor der Zeit erlebt.«

Jeanmaire erinnert sich, daß Denissenko mit Marie-Louise getanzt hat. Aus Rücksicht auf Denissenkos Herz sei wieder nur mäßig getrunken worden, betont er. Gleichwohl war es ein langer, fröhlicher Abend, und im Rückblick ist es durchaus von Bedeutung, daß Denissenko, der professionelle GRU-Offizier, in den folgenden Monaten keinen Versuch unternahm, darauf aufzubauen. Wenn er Jeanmaire für eine heimliche Annäherung vorbereitete, ließ er sich Zeit.

Für Denissenkos offenkundiges Zögern, Jeanmaire zu einer geheimen Informationsquelle zu entwickeln, sind mehrere Erklärungen denkbar. Erstens könnte Denissenko, nachdem er seinen Mann genau unter die Lupe genommen hatte, ohne weiteres zu dem Schluß gekommen sein, daß Jeanmaire einfach nicht genug wußte, weder als derzeitige Quelle noch als künftiger Kandidat, den man auf ein lohnenderes Ziel hätte ansetzen können. Immerhin näherte sich Jeanmaire erkennbar dem Ende seiner beruflichen Möglichkeiten, und die waren aus der Sicht der sowjetischen Nachrichtendienste nicht sonderlich attraktiv. Andere Erklärungen sind in den noch immer undurchdringlichen Sümpfen der sowjetischen Spionagementalität zu finden. Kein potentieller Rekrut, wie Jeanmaire jetzt einer geworden war, konnte ohne detaillierte Anweisungen aus Moskau angesprochen werden. Selbst beim GRU, der in punkto Professionalität und Raffinesse nie an den KGB herankam, mußte alles – die Wahl des Restaurants, das Spesenkontingent, die Gesprächsthemen für den Abend – im voraus von Denissenkos Moskauer Vorgesetzten festgelegt werden.

Und ohne Zweifel wäre jedem Versuch, Jeanmaire aus einem ›legalen‹ zu einem ›illegalen‹ Kollaborateur zu machen, eine umständliche Abwägung der Risiken und Vorteile vorausgegangen. Ist er ein Lockvogel? werden sie sich in aufreibenden Lageanalysen gefragt haben. Ein so mitteilsamer Mann könnte durchaus diesen Verdacht geweckt haben. Ist er ein Provokateur, der Denissenkos Ausweisung bewirken oder die sowjetisch-schweizerischen Beziehungen belasten soll? Will er Geld? Wenn ja, warum besteht er dann darauf, seine Rechnungen selbst zu bezahlen? Und wenn nicht, was ist dann die Motivation dieses leidenschaftlichen Antikommunisten? Übersehen hatte der scharfsinnige Denissenko anscheinend jene Rachsucht Jeanmaires gegenüber seinen Vorgesetzten, die in dem späteren Prozeß gegen ihn so deutlich zutage trat.

Und vielleicht hat der GRU – heikel genug war die diplomatische Lage ja – seinen Stolz heruntergeschluckt und sich an den KGB gewandt, der dann Vorsicht und Abwarten empfahl. Oder vielleicht gab der KGB auch einen anderen Rat: »Haltet Jeanmaire im Spiel, aber sachte, sachte. Womöglich müssen wir ihn eines Tages als Opferlamm mästen.«

Fest steht lediglich, daß Denissenko mehrere Monate lang Jeanmaire nicht kontaktierte. Er verbrachte viel Zeit in Moskau, angeblich aus gesundheitlichen Gründen, und bei seinen Besprechungen mit den Kollegen im Hauptquartier wurde zweifellos über das Tempo und die Fortschritte von Jeanmaires Entwicklung diskutiert: auch wenn Jeanmaire auf der Moskauer Einkaufsliste kaum sehr weit oben gestanden haben kann.

Im März 1963 kamen Denissenko und Jeanmaire dann wieder einmal zum Essen zusammen, und diesmal wandte sich das Gespräch einer Übung der Schweizer Armee zu, die wenige Wochen zuvor stattgefunden hatte. Zwischen den beiden Männern entwickelte sich ein freundschaftlicher Streit. Denissenko, der einen außerordentlich informierten Eindruck machte, beharrte darauf, daß die militärische Planung der Schweiz sich in großem Umfang auf die Unterstützung der NATO verlasse. Jeanmaire, wie immer der Verfechter der Schweizer Neutralität, stritt dies energisch ab, und um zu beweisen, daß die Integrität der Schweiz noch immer unversehrt sei, sagt er, machte er Denissenko das Angebot, ihm den Organisationsplan der Stäbe und Truppen auf Korps- und Divisionsstufe zu zeigen, woraus klar ersichtlich sei, daß die Armee keineswegs, wie Denissenko mutmaßte, irgendeine Zusammenarbeit mit der NATO unterhalte. Selbstverständlich hat die Armee ganz zweifellos diese Zusammenarbeit unterhalten und wäre andernfalls auch reichlich dumm gewesen; aber offiziell wurde das bestritten. Auch Jeanmaire wußte das, doch der Organisationsplan sagte darüber nichts aus. Ironischerweise konnte Jeanmaire in diesem Fall also nichts zur Dissuasion beitragen, sondern bot Denissenko lediglich ein Stück militärischer Desinformation an.

Denissenko seinerseits scheint aber keinen Gebrauch von Jeanmaires Angebot gemacht zu haben. Warum nicht? Zu riskant? Oder einfach die Warnung aus Moskau, er solle aufhören?

Drei Monate später jedoch traf Jeanmaire Denissenko zufällig auf einer Cocktailparty des österreichischen Militärattachés und lud ihn zu sich in seine Lausanner Wohnung ein. Drei Tage darauf aßen Denissenko, Jeanmaire und Marie-Louise im Lausanner Bahnhofsrestaurant und gingen danach in Jeanmaires Wohnung, wo dieser ihm eine selbst angefertigte Fotokopie des versprochenen Dokuments, oder doch Teile davon, überreichte.

Das Dokument war ›nur für dienstlichen Gebrauch‹ eingestuft, oder wie die Briten sagen würden: ›vertraulich‹. Ob diese Einstufung sinnvoll war, ist gleichgültig. Jeanmaire wußte, daß es vertraulich war, er wußte, was er tat und für wen. Es mag nur ein kurzer Weg gewesen sein, aber in diesem Augenblick überquerte er die Brücke. In jeder Geschichte vom Weg eines Mannes zur Spionage oder zum Verbrechen oder bloß zum Ehebruch gibt es gewöhnlich einen ausschlaggebenden Augenblick, der sich von allen anderen als Augenblick der Entscheidung abhebt, von wo aus Umkehr nicht mehr möglich ist. Hier haben wir ihn im Fall Jeanmaires. »Ich habe ihm nur zwei Seiten gegeben, nicht das ganze Dokument«, sagt er.

Das einzig bekannte Foto von Marie-Louise Jeanmaire und Vassili Denissenko – auf dem Balkon der Jeanmaires.

Es hat offenbar keinen Unterschied gemacht. Ein Schweizer Oberst, der er damals war, hatte dem sowjetischen Militärattaché und Residenten des GRU Bern freiwillig und ohne Genehmigung ein Geheimdokument übergeben.

Aber der Abend hatte gerade erst angefangen. Jeanmaire scheint in einen Strudel leichtsinniger Großzügigkeit geraten zu sein. Kurz zuvor hatten Mobilmachungsübungen der Schweizer Armee stattgefunden. Nun setzte Jeanmaire es sich in den Kopf, Denissenko gegenüber damit anzugeben, daß der Schweizer Widerstand gegen eine sowjetische Invasion viel heftiger sein würde, als der Kreml sich vorstellen könne. Er zeigte Denissenko seine persönlichen Waffen, darunter sein Sturmgewehr. Er führte ihn auf den Balkon und zeigte auf die Nachbarhäuser. Er hat ein rotes, erregtes Gesicht, als er das erzählt, und so sehe ich ihn auch auf jenem Balkon. »Wenn Ihre Fallschirmspringer auf diesem Tennisplatz landen, wird sie hier jeder unter Beschuß nehmen«, warnte er Denissenko. »Auf Befehle wird nicht gewartet. Es wird geschossen.«

Er holte das Kriegsmobilmachungs-Handbuch hervor, das jedem Schweizer Kompaniekommandanten ausgehändigt wird. Er habe es zufällig zu Hause gehabt, sagt er, um einen Vortrag, den er in Genf halten wolle, vorzubereiten. Das Handbuch war als ›geheim‹ eingestuft. Der Einsatz hatte sich erhöht.

Wer hat da jetzt gezogen, wer geschoben? Jeanmaire zufolge bat Denissenko, sich das Handbuch ausleihen zu dürfen, und versprach, es am nächsten Tag zurückzugeben; also gab Jeanmaire es ihm. Als ob es eine Rolle spielt, wer der Anstifter war! »Das Handbuch war doch sowieso jedem bekannt«, fügt Jeanmaire wegwerfend hinzu. »Jeder wußte, was drinstand.« Aber das deckt sich nicht mit dem, was er nach dem Protokoll der Einvernahme durch den militärischen Untersuchungsrichter am 23. November 1976 gesagt haben soll: »Er [Denissenko] beharrte nachdrücklich darauf, daß ich ihm diese Dokumente geben sollte. Leider war ich schwach genug, ihm nachzugeben, und so steckte ich die Hand in eine Falle, aus der ich nicht mehr herauskam. Von da an konnten die Russen mich mit der Drohung erpressen, sie würden meine Vorgesetzten informieren. An diesem

Tag sagte ich zu meiner Frau, daß ich den Fehler meines Lebens begangen hätte.«

Aber jetzt bestreitet Jeanmaire, das gesagt zu haben.

Und Marie-Louise – was hat sie darauf zu Jeanmaire gesagt? Anscheinend so gut wie nichts. Jeanmaire gibt zu, daß er, nachdem Denissenko gegangen war, in einem Anfall von Schuldgefühlen seiner Frau seine Sorgen anvertraute: »Und *merde*, am Montag werde ich mir die Sache zurückholen!« erklärte er ihr. Doch Marie-Louise habe lediglich bemerkt, was geschehen sei, sei geschehen: »Sie hatte kein Gespür dafür, daß etwas Schlimmes geschehen war.«

Und ebenfalls an diesem verrückten Abend zeigte Jeanmaire Denissenko Teile eines anderen geheimen Dokuments über die Requisition von Schweizer Eigentum im Kriegsfall – zum Beispiel die Beschlagnahme von öffentlichen Verkehrsmitteln zur Beförderung von Territorialtruppen. Hiervon wollte er sich aber nicht trennen, sondern machte bloß eine Liste von Seiten, die für ihre Diskussion über ›Dissuasion‹ von Belang waren. Einen oder zwei Tage später fotokopierte er diese Seiten in seinem Büro unter dem Vorwand, sie würden für einen Lehrgang der Luftschutztruppen benötigt. Also eine Lüge: eine förmliche, offenkundige Lüge, seinen eigenen Leuten aufgetischt, um dem angeblichen Feind seines Volkes einen Gefallen zu tun.

Warum?

Und am Abend des 8. Juli gab er die gestohlenen Seiten an Denissenko weiter. Ein krimineller Akt. Bei diesem Treffen war es auch, daß Marie-Louise in De-

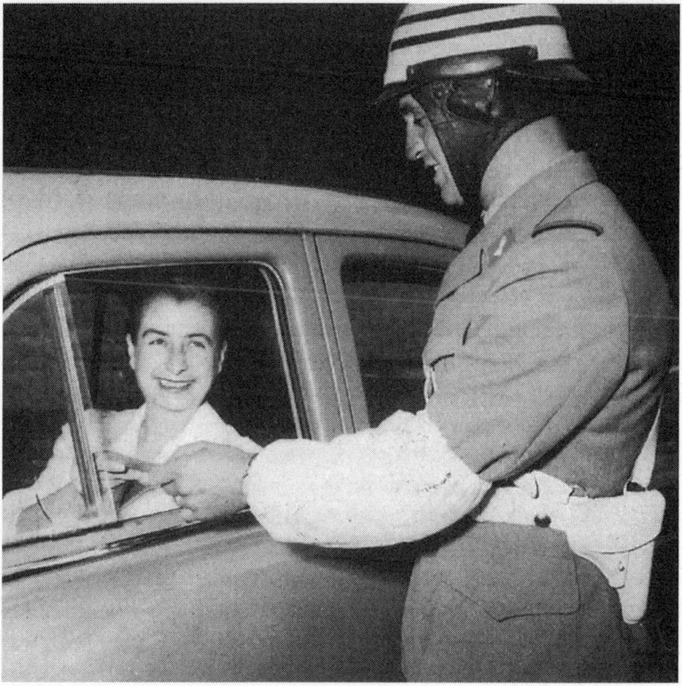

Marie-Louise Jeanmaire.

nissenkos Gegenwart ihrem Mann stolz ein Armband vorführte, das, wie sie sagte, Denissenko ihr geschenkt habe, als Jeanmaire einmal kurz aus dem Zimmer gegangen sei.

»Als ich zurückkam«, sagte meine Frau so richtig liebevoll: ›Sieh mal dieses schöne Armband, das Herr Denissenko mir geschenkt hat.‹ Ich sagte: ›Bravo.‹ Ich fand nichts dabei, außer, daß es eine nette Geste von Denissenko war. Hätte sie es mir in seiner Abwesenheit gezeigt, hätte ich vielleicht Lunte gerochen. Heute weiß ich, daß er es ihr bei einer ganz anderen Gelegenheit gegeben hat. Es war ein Liebesgeschenk und hatte nicht das geringste mit Landesverrat zu tun.«

Denissenkos Liebesgeschenk war 400 Schweizer Franken wert, sagt Jeanmaire. Später erhöht er den Wert auf 1200 Schweizer Franken. Wie auch immer, es scheint ein außerordentlich gutes Geschäft im Austausch für Jeanmaires Liebesgeschenk an ihn gewesen zu sein. Der Abend endete mit einem weiteren Ausflug nach Savigny, wo man zur Feier des Tages noch etwas trank. Was die drei da zu feiern glaubten, ist nur schwer nachzuvollziehen. Denissenkos Armband glitzerte stolz an Marie-Louises Handgelenk, und Jeanmaire hatte sich damit praktisch eine Kugel in den konfusen Soldatenschädel gejagt.

Warum?

Jeanmaires Ankläger waren nicht die einzigen, die nach einer Antwort suchten. Jeanmaire selbst hatte jahrelang die Wand angestarrt und sich die gleiche Frage gestellt: warum? Sein Gerede von Dissuasion wird, je länger man es sich anhört, immer fadenscheiniger. Er spricht von seinen ›Charakterschwächen‹. Aber was ist denn schwach an einem einsamen Kreuzfahrer, der auszieht, den Kreml von seinen bösen Absichten auf die friedliebende Schweiz abzuhalten? Er sagt, die von ihm weitergegebenen Informationen seien allgemein bekannt gewesen. Wozu sie dann weitergeben? Warum so heimlich? Warum stehlen, warum weitergeben und warum hinterher fröhlich sein? Was gab es da in jener Nacht zu feiern? Verrat? Freundschaft? Liebe? Jux? Jeanmaire sagt, Denissenko sei Zarist gewesen, ein Anti-Bolschewik. Warum hat er das dann nicht seinen Vorgesetzten berichtet, die den Hinweis an Leute hätten weiterleiten können, die sich für die Rekrutierung eines unzufriedenen russischen Obersten interessieren würden? Vielleicht war die Antwort einfacher, zumindest für den nur von Land umgebenen Schweizer Soldaten: vielleicht ging es ihm bloß um *Abwechslung*.

Für den Romanautor wie für den Spionageabwehr-Offizier haben Motive etwas mit den Möglichkeiten des Charakters zu tun. So wie große Worte häufig das Fehlen einer Überzeugung verschleiern, so kann auch eine rigorose Handlungsweise Motive haben, die für sich genommen trivial sind. Ich habe einmal einen Mann verhört, der wagemutig aus der DDR geflohen war. Wie sich herausstellte, hatte er seine Frau nicht mit auf die Reise genommen, sondern mit einer Luger-Pistole, die seinem Vater, einem Nazi, gehört hatte, aus kürzester Entfernung erschossen. Es ging ihm nicht um Politik, nicht um die große Idee, in die Freiheit zu fliehen; er wollte bloß ein anderes Leben. Er war mit seiner Frau immer gut ausgekommen. Er liebte sie noch immer. Als einzige Erklärung konnte er anbieten, daß sein Kanuklub ihn wegen unsozialen Verhaltens ausgeschlossen hatte. In Tränen, in Verzweiflung, sein Leben in Scherben, ein geständiger Mörder, fiel ihm keine bessere Ausrede ein.

Also noch einmal: warum?

Je mehr man sich mit Jeanmaires Beziehung zu Denissenko beschäftigt, desto mehr scheint sie Elemente des Zwanghaften, des Ekstatischen und des Sexuellen zu enthalten. Immer wieder ist es Jeanmaire selbst und nicht Denissenko, der das Tempo forciert. Jeanmaire brauchte Denissenko sehr viel mehr, als Denissenko ihn brauchte: wahrscheinlich war dies auch der Grund für das abwartende Verhalten Denissenkos und seiner Vorgesetzten.

Es stimmt schon, daß nach Denissenkos Weggang aus Bern eine graue Truppe von Ersatzgestalten auftauchte – Issaev, Strelbitzki, Davidov. Jeder von ihnen, und die Erzählung ist lang, stellt sich an der Tür vor, erwähnt Denissenkos Namen, appelliert an Jeanmaires russisches Ich, zieht die Schrauben fester an, findet seinen Weg in Jeanmaires Herz und bekommt die eine oder andere Spende, um den Kreml glücklich zu machen – oder um ihn abzuschrecken, je nachdem, wie man die Geschichte interpretieren will. Jeanmaires Beziehung zum GRU ist mit Denissenkos Weggang nach Moskau nicht zu Ende, aber sie wird auch nicht vertieft. Waren auch *sie* Anti-Bolschewiken? Offenbar hat man das Feigenblatt fallenlassen: Jeanmaire scheint das kaum zu kümmern. Deni zuliebe wirft er ihnen kleine Brocken hin; ein Teil von ihm akzeptiert, daß er in die Falle gegangen ist; ein anderer Teil scheint ihm zu sagen, daß seine kürzliche Beförderung in den schwindelerregenden Rang eines Brigadiers ihn eigentlich von der unschönen Verpflichtung zur Spionage befreien sollte. »Ich dachte: Jetzt bin ich Brigadier, jetzt höre ich mit diesem Unsinn auf.« Doch er findet weiterhin Gefallen an der Verbindung. Er feilscht wie ein ängstlicher Süchtiger, hält ihnen Krümel hin, wärmt sich an ihrem Feuer, sieht sich als den geheimen Militär-Botschafter der Schweiz, windet sich, schickt sie weg, ruft sie zurück, schwitzt, wechselt ein dutzendmal die Farbe, erlaubt sich den Genuß noch einmal, schwört Abstinenz und erlaubt ihn sich aufs neue. Und die grauen, schwerfälligen Vollstrecker des GRU, die die Grenzen ihres Opfers kennen – und vielleicht auch ihre eigenen – machen sich an ihn heran, setzen ihn unter Druck, schmeicheln ihm, nehmen das bißchen, das sie bekommen können, und bemühen sich nicht besonders, ihn über seine Möglichkeiten hinauszutreiben.

Doch was bis zum Ende am hellsten strahlt, ist die Gestalt Denissenkos: Deni, der ihn gewann; Deni, der, wenn auch behutsam, den Köder in die Falle legte; Deni, der mit seiner Frau schlief; der ein so feiner, so gut gekleideter, so kultivierter Mann war; Deni, mit dem es ein Vergnügen war, sich in der Öffentlichkeit zu zeigen. Alle seine Nachfolger wurden am Original gemessen. Manche wurden für zu leicht befunden. Alle waren sie Spiegelbilder von Deni, der die erste und wahre Liebe bleibt. Deni war vornehm, Deni war elegant. Deni war von der alten Schule. Und Jeanmaire hätte nach eigenem Eingeständnis mit Deni geschlafen, wenn er eine Frau gewesen wäre. Statt dessen schlief Deni mit Marie-Louise. Das Verlangen, Deni zu gefallen, seinen Respekt und seinen Beifall zu gewinnen, ihn zu umwerben und zu besitzen – mit Geschenken, darunter notfalls auch der eigenen Frau –, scheint Jeanmaire, diesen liebevollen, frustrierten,

Jeanmaire (rechts) mit seinem Paten Edouard Tissot 1933 während einer Bergwanderung.

schlauen, ungestümen Einfaltspinsel, in seinen mittleren Lebensjahren gepackt zu haben wie eine große Leidenschaft, wie eine Fugue.

Und so ist es nur natürlich, daß Deni in Jeanmaires Erinnerung auch heute noch ein großer und guter Mann ist. Denn wer wird sich, wenn er aus Liebe sein Leben ruiniert und alles verloren hat, freiwillig umdrehen und sagen: »Da war doch nichts?«

Die Liebe eines Mannes zu einem anderen hatte in den letzten Jahren eine so trostlose Presse – besonders wenn's um Spionage ging –, daß ich mich nur zögernd an dieses Thema wage. Es gibt in Jeanmaires Leben keinerlei Hinweis darauf, daß er bewußt homosexuellen Gefühlen unterworfen war, geschweige denn, daß er ihnen nachgegeben hätte. Im Gegenteil, Jeanmaire soll, nachdem er von seinem Verteidiger Jean-Félix Paschoud von der Affäre seiner Frau mit Denissenko erfahren hatte, ihr sofort in einem Brief verziehen haben. »Wenn sie mir ein hübsches Slawenmädchen angeboten hätten«, soll er geschrieben haben, »ich weiß nicht, wozu ich da fähig gewesen wäre.« Diese Geschichte paßt jedenfalls zu seiner bekannten Heterosexualität und seinem oft geäußerten Haß auf Homosexuelle, die er ständig unter seinen ehemaligen Militärkameraden ausmacht: X war einer, Y war keiner; Z war bi, zog aber Knaben vor.

In dieser Hinsicht ist Jeanmaire ein Produkt des Schweizer Militärpatriarchats. Frauen sind für diesen Schweizer Chauvinisten eher ein Regiment der Reserve als echte Kämpfer. Wie in allen Armeen fühlen sich die Männer sehr wohl miteinander, und manchmal – wenn auch nicht in Jeanmaires Fall – entwickelt sich aus diesem Wohlbefinden körperliche Liebe. Wenn Jeanmaire von seiner Mutter oder von seiner Frau spricht, spricht er von ihrer Treue, ihrer Klugheit, ihrem Gleichmut, ihrer Schönheit. Die Vorstellung, daß sie Opfer seien, entsetzt ihn; denn er ist ihr Beschützer. Aber niemals spricht er so von ihnen, als wären sie auch nur entfernt ebenbürtig.

Und wenn er von seinem Paten Tissot spricht – dem manchmal nackten, ansonsten aber prachtvoll uniformierten Soldaten, der Jeanmaire zufolge auf sein Kommando verzichten mußte, weil er nicht die ›nützlichen‹ Leute gefördert hatte –, erinnert er sich, als wäre es erst gestern gewesen, an den schrecklichen Augenblick, als er erfuhr, daß sein Abgott eine Frau heiraten wollte, die er vierzig Jahre lang geheimgehalten hatte: »Tissot hatte immer wieder erklärt, das Soldatenleben sei ein zölibatärer Beruf. Ich habe ihm geglaubt! Ich glaube ihm noch heute! Es hat mich angewidert, wenn die beiden sich umarmten. Eine Welt ist zusammengebrochen, denn ich hatte ihn für absolut ledig gehalten. Nicht daß ich ihn der Homosexualität verdächtigt hätte, aber jeder hielt ihn für einen Priester.«

In Denissenko scheint Jeanmaire die verlorene Würde seines gestürzten Helden Tissot wiederentdeckt zu haben, und vielleicht hat er unbewußt die forsche, selbstbewundernde Freundschaft unter Kampfgenossen, die zwischen Tissot und Jeanmaire senior bestanden hatte, für sich selbst neu erschaffen. Die Art, wie er auch heute noch von seiner Beziehung zu Denissenko spricht, hat etwas *Vollkommenes*, etwas

Schicksalhaftes an sich. Man spürt da etwas von Erhabenheit, von überlegenem Wissen, von »Ich bin dabeigewesen, ich weiß Bescheid«. Und etwas von Verachtung, das hinzufügt: »Und Sie nicht.«

Ah, und wie die beiden Freunde reden konnten! Der schöne russische Soldat-Diplomat und der gedrungene kleine Schweizer Brigadier entwarfen zusammen die ganze Welt neu. Sie ließen ihre Zinnsoldaten antreten und schlugen sie; sie lieferten sich endlose Kämpfe und Spiele: »Wenn wir über Politik redeten, vertrat ich die Demokratie und Denissenko die Diktatur. Jeder respektierte völlig die Position des anderen.«

Und hier muß man – wie ein Zeuge der Verteidigung es beim Prozeß getan haben soll – dabei verweilen, wie gesellschaftlich armselig Jeanmaires Leben gewesen war. Bevor Jeanmaire die diplomatische Gemeinde von Bern entdeckte, hatte er kameradschaftlichen Umgang kaum gekannt. Partner von der Art, nach der er sich sehnte, gab es unter Seinesgleichen selten, und sein Ruf als Großmaul war da auch nicht hilfreich. Trost fand er in der Gesellschaft dieser ausländischen Nomaden. Bei ihnen erschien er ohne das Gepäck seiner Vergangenheit. In ihrer Gesellschaft wurde er wiedergeboren.

Und schließlich – falls es denn so viele Gründe für die Liebe geben muß – war da noch die quälende Komödie von Denissenkos Erfahrungen im echten Gefecht. Für den träumenden Schweizer Soldaten, der nie einen ernstgemeinten Schuß gehört hatte und nie einen hören würde, der aus einer langen militärischen Tradition kriegerischer Passivität stammte, war der

Glanz von Denissenkos Rüstung unwiderstehlich. Weder Jeanmaires Vater, nicht einmal sein Pate Tissot reichten an die heroische Pracht und die ungeheure Autorität eines Mannes heran, der in Stalingrad gekämpft hatte und an dessen Brust an militärischen Festtagen Orden für echte Tapferkeit und Teilnahme an echten Feldzügen rasselten. Da war keine Form der Werbung zu übertrieben; kein Risiko, kein Opfer, keine Investition zu leichtfertig für ein so erhabenes Wesen. Wenn an jenem Abend seines ersten Verrats zwei Seelen in Jeanmaires Brust kämpften – eine, die ihn mit Mahnungen, vorsichtig zu sein, erzittern ließ, und eine, die ihn auf dem Pfad des Ruhms vorwärts trieb –, dann war es das Vorbild der Kavalleristen, das Vorbild seiner nicht mit Blut befleckten Ahnen, das ihn drängte, die Sporen zu geben und sich nicht umzublicken.

Eine Episode zeigt uns Jeanmaires geistige Verfassung während der frohen Tage seiner Flitterwochen mit Denissenko ganz besonders deutlich; ich meine die bizarre Begegnung am 30. November 1963, als Denissenko ihn in seiner Lausanner Wohnung besuchte und mit einem klassischen Manöver die Schlinge endgültig zuzuziehen versuchte. Nach Jeanmaires Darstellung entwickelte sich die Szene wie folgt.

Marie-Louise ist in der Küche. Mit der ihm eigenen Mehrdeutigkeit, wenn er von ihr spricht, kann Jeanmaire sich nicht mehr erinnern, ob sie an dem Gespräch teilgenommen hat.

Denissenko zu Jeanmaire: »Bei unserer ersten Begegnung habe ich Ihnen gesagt, daß ich Ihnen für den Verlust, den Ihre Schwiegereltern in Rußland erlitten haben, eine Entschädigung beschaffen möchte.« Er zieht einen großen, unverschlossenen Umschlag hervor und hält ihn Jeanmaire hin. Es ist Geld darin. Jeanmaire kann oder will nicht darüber nachdenken, wieviel. Hunderte, vielleicht Tausende von Schweizer Franken. Er erinnert sich an 100-Franken-Scheine.

»Als Wiedergutmachung«, erklärt Denissenko. »Wie ich Ihnen versprochen habe. Ein Weihnachtsgeschenk.«

Jeanmaire nimmt den Umschlag und schleudert ihn auf den Boden. Überall flattert Geld herum. Denissenko ist erstaunt.

»Aber das ist doch nicht für Sie!« beteuert Denissenko. »Sondern eine Wiedergutmachung für den Schaden Ihrer Schwiegereltern.«

»Dann heben Sie es selbst auf«, erwiderte Jeanmaire. »Ich nehme Ihr Geld nicht.«

Als Jeanmaire mir diese Geschichte zum erstenmal erzählte, war er stolz auf sein Verhalten. Damit war bewiesen, schien er zu glauben, daß er nichts im Verborgenen tat – genau wie die Tatsache, daß er Denissenko und seine Nachfolger den Inhabern von Restaurants vorstellte, beweisen sollte, daß an dieser Verbindung nichts Geheimes war. Doch als ich ihn drängte, zu erklären, *warum* er das Geld nicht annehmen wollte – da Denissenko es doch mit der so demonstrativ ehrenwerten Begründung angeboten hatte, den von Marie-Louise zweifellos erlittenen Verlust wiedergutmachen zu wollen –, verlegte er sich auf ein anderes Argument: »Das Geld ist mir in diesem Augenblick wie Bestechung vorgekommen. Dadurch, daß ich es ausschlug, gestand ich mir selbst ein, daß

Oberst Vassili Denissenko von der sowjetischen Botschaft in Bern.

ich etwas Unsauberes getan hatte. Niemand sollte von mir sagen können: ›Der ist für Geld zu haben.‹ Ich hatte nie das Gefühl, daß Denissenko mich in eine Falle locken oder ausfragen wollte, aber sein Geld wollte ich nicht nehmen. Ich fand das abstoßend. Es hatte den Beigeschmack einer Bezahlung für geleistete Dienste. Er sollte nie von mir sagen können, ich hätte mein Land verkauft – wobei ich natürlich wußte, daß ich mein Land weder verkauft noch verschenkt hatte.«

Es wäre hübsch zu wissen, was Denissenko und seine Gebieter in Moskau hinterher aus dieser bizarren Szene gemacht haben und wieviel solide Planung in dem Augenblick zunichte wurde, da Jeanmaire sich weigerte, den mit einem so verlockenden Köder versehenen Haken zu schlucken. Wie um alles in der Welt könnte man von den grauen Männern des GRU Verständnis dafür erwarten, daß Jeanmaire sich nicht nach Geld, sondern nach Liebe sehnte?

»Daß Denissenko mir das antun konnte, erstaunt mich«, sagt Jeanmaire. »Er hätte das Geld doch meiner Frau geben können. Aber das wollte er wahrscheinlich nicht, weil er sie damit zur Hure gemacht hätte.«

Man könnte meinen, daß der Abend nach dieser peinlichen Szene einen unfreundlichen Verlauf genommen hätte. Der Freier hatte sein Angebot gemacht und war abgewiesen worden. Vielleicht war es jetzt besser, sich zurückzuziehen und den Kampf an einem anderen Tag fortzusetzen. Aber nichts dergleichen. Gewiß, es folgten einige heikle Minuten, doch bald wurde die Unterhaltung wieder freundlicher und wandte sich der am 1. Januar 1962 in Kraft getretenen Neuorganisation der Schweizer Armee zu. Jeanmaire zeigte ein Exemplar der alten Ordre de bataille, gültig bis zum 31. Dezember 1961 und somit überholt. »Ich fand, da er doch so ein guter Kerl war, sollte ich ihm etwas geben, damit er sich nicht ganz so nutzlos vorkäme«, erklärt er. Und fügt hinzu, Schweizer Militärattachés hätten ihm gesagt, wie dankbar sie wären, wenn ihnen gelegentlich ein ›Stückchen Papier‹ zugeschoben würde, womit sie ihren extravaganten, vom Steuerzahler finanzierten Lebensstil rechtfertigen könnten.

Doch kaum macht er dieses Eingeständnis, folgt auch schon ein anderes: »Ich habe ihm die Ordre de bataille gegeben, weil ich sie bereits für ihn beiseitegelegt hatte, ehe die Sache mit dem Geld dazwischenkam. Und um zu zeigen, daß ich ihm das nicht übelnahm, habe ich sie ihm dann doch gegeben.«

Mag der Weg zu Jeanmaires Gedanken auch noch so gewunden und widersprüchlich erscheinen, im Vergleich zu den riesigen Umwegen, die die Schweizer Behörden zu seiner Festnahme und Verurteilung brauchten, wirkt er wie eine römische Straße.

Bundesanwalt Rudolf Gerber spricht vor der Parlamentarischen Jeanmaire-Kommission von 1977, deren Protokolle weithin durchgesickert sind, aber noch immer als geheim eingestuft werden:

> »Wir haben am 16. Mai 1975 einen Hinweis bekommen, wonach ein höherer Schweizer Offizier seinerzeit (1964) nachrichtendienstlich interessan-

te Kontakte mit den Russen gehabt habe. Es war schwierig herauszufinden, wer das sein könnte. Wir wußten lediglich, daß die Frau dieses Offiziers als Kind mit Rußland Beziehungen gehabt hatte. So stießen wir auf Jeanmaire. Ungefähr im August 1975 wurde ein Ermittlungsverfahren eröffnet.«

Man muß kein Offizier der Spionageabwehr sein, um sich zu fragen, was denn nun daran ›schwierig‹ gewesen sein soll, auf Grund dieser Information Jeanmaire aus dem Kreis der Verdächtigen herauszusieben. Die Zahl älterer Schweizer Armeeoffiziere, deren Frauen eine russische Kindheit verlebt hatten, kann nicht groß gewesen sein. Jeanmaires Kontakte mit sowjetischen Diplomaten im Jahr 1964 waren bei der Armee bekannt. Sie waren ihm von der militärischen Protokollabteilung genehmigt worden, die nur wenige finden konnte, die von den offiziellen Cocktailpartys begeistert waren. Er hatte sich vor irgendwelchen Zufallsbekanntschaften bewußt auffällig mit den sowjetischen Diplomaten gezeigt.

Von wo war der Hinweis gekommen? Bundesanwalt Gerber zufolge wissen nur wenige Eingeweihte die Antwort auf diese Frage. Das komplizierte Spiel von Spionage und Gegenspionage gebiete ihm Schweigen, sagt er: noch heute ist die Quelle zu heiß, um genannt zu werden. Carl Weidenmann, der damalige Chef des Schweizer Geheimdienstes, erzählt die Geschichte anders. Von Anfang an sei Jeanmaire der einzig mögliche Verdächtige gewesen. Auch er behauptet, er dürfe den Grund dafür nicht angeben. Von solchen ausgewählten Brosamen abgesehen, müssen

Kurt Furgler, der Justizminister (rechts), und Rudolf Gnägi, der Bundespräsident, am 10. November 1976.

wir auf Gerüchte zurückgreifen, und das hartnäckigste besagt, der Hinweis sei vom CIA gekommen.

Wie sah der Hinweis aus? Hat Gerber die ganze oder nur einen Teil der erhaltenen Informationen an die Parlamentarische Jeanmaire-Kommission von 1977 weitergegeben? Oder gar mehr? Und wenn der Hinweis tatsächlich vom CIA kam: wer hat dem CIA einen Hinweis gegeben? War die Quelle verläßlich? War die Sache getürkt? Kam der Hinweis aus Rußland? Großbritannien? Frankreich? Westdeutschland? Aus der Schweiz? Auf den schmutzigen Marktplätzen, wo sogenannte befreundete Nachrichtendienste ihre Geschäfte abwickeln, werden Hinweise genauso gewaschen wie Geld. Sie können frisiert, zurechtgestutzt oder erfunden sein. Sie können so aufgebauscht werden, daß sie Bestürzung hervorrufen, oder so heruntergespielt, daß sie zum Entgegenkommen ermutigen. Sie dienen dem Verkäufer nicht minder als dem Empfänger, letzterem manchmal auch gar nicht. Sie kommen ohne Absender und ohne Gebrauchsanweisung. Sie können absichtlich oder zufällig Leben und Karrieren ruinieren. Gemeinsam ist ihnen allen nur, daß sie nie das sind, was sie zu sein scheinen.

In Jeanmaires Fall sind Absender und Inhalt des ursprünglichen Hinweises von entscheidender Bedeutung. Und bis zum heutigen Tag von entscheidender Ungewißheit.

Nach dem Hinweis – volle drei Monate danach und sechzehn Jahre nach Jeanmaires erster Begegnung mit Denissenko – wurde eine großangelegte geheime Überwachung angeordnet, wie ein donnernder Angriff der Kavallerie nach dem Verlust der Schlacht. Jeanmaires Telefon wurde angezapft; er wurde rund um die Uhr observiert. Wahrscheinlich wurde er auch abgehört, aber westliche Überwachungsdienste geben den Einsatz von Mikrophonen nur äußerst ungern zu. Ein ranghoher Polizeibeamter behauptet, sich bei von Jeanmaire besuchten Diplomatenempfängen als Kellner verkleidet zu haben: »Ich habe nur belangloses Partygeschwätz gehört«, sagte er zu Jeanmaire nach dessen Verhaftung. »Soldatengeplauder über Musik, Alkohol und Frauen.« Wieder spricht der Polizeibeamte, als sei er mit einem Mikrophon ausgestattet gewesen.

Und nach vier Monaten hatten die Überwacher außer dem Hinweis noch immer nichts gegen Jeanmaire in der Hand, allenfalls die vage Empfindung, wie Gerber sich ausdrückte, daß Jeanmaire »über das normale Maß Kontakte mit den Russen habe«. Aber was *war* das normale Maß, in Anbetracht von Jeanmaires bekannter Vorliebe für Kontakte mit Russen, für die ihm die Protokollabteilung der Armee tiefen Dank abstattete? Im Dezember begannen die Überwacher sich Sorgen zu machen, daß Jeanmaires bevorstehende Pensionierung fällig werden könnte, ehe sie irgendwelches Belastungsmaterial gegen ihn gesammelt hätten. Daher faßte Geheimdienstchef Weidenmann in Zusammenarbeit mit dem Chef der Bundespolizei und dem Bundesanwalt den Entschluß, Jeanmaire eine Beschäftigung anzubieten, die ihn im Dienst halten würde. Zu diesem Zweck bestellte Weidenmann Jeanmaire zu einem Gespräch.

»Es wäre ein Jammer«, erklärte er Jeanmaire, »dich aus der Armee zu verabschieden, ohne daß du zuvor dein Wissen und deine Erfahrung auf dem Gebiet der Zivilverteidigung schriftlich niedergelegt hättest.«

Für zusätzliche 1000 Franken im Monat – später in einem Anfall bürokratischer Sparsamkeit auf 500 Franken gesenkt – sollte der Pensionär Jeanmaire auf Vorschlag Weidenmanns eine vergleichende Studie über militärischen und zivilen Bevölkerungsschutz in allen

Staaten ausarbeiten, in denen Schweizer Militärattachés vertreten waren. Jeanmaire fühlte sich geschmeichelt, und die Ermittler hatten Zeit gewonnen.

»Ich hatte keinerlei Verdacht«, sagt Jeanmaire.

Am 13. Januar bestellte ihn Weidenmann wieder zu sich und verschaffte ihm, um ihn zum Verrat anzustacheln, über ausgewählte Mittelsmänner Zugang zu Geheimdokumenten aus dem Besitz des Schweizer Auslandsnachrichtendienstes. Weidemann sagte später aus, seine Abteilung habe sorgfältig darauf geachtet, daß Jeanmaire nichts Heißes in die Hand bekam. Die Mittelsmänner waren von der geplanten Provokation selbstverständlich informiert.

Als weiteren Anreiz gab man Jeanmaire ein kleines Büro in keinem geringeren Heiligtum als dem Hauptquartier von Oberst Albert Bachmann, der einen eigenen Dienst betrieb, der in Schweizer Kreisen als ›Organisation Bachmann‹ bekannt ist und lange Zeit Gegenstand wilder Gerüchte und öffentlichen Kopfzerbrechens gewesen war, vor allem nach einer grotesken Episode, bei der einer seiner Agenten beim Ausspionieren österreichischer (sic!) Militärmanöver erwischt worden war. Bachmann trug auch die Verantwortung für die ›Geheime Armee‹ der Schweiz, die im Falle einer Besetzung der Schweiz durch feindliche Truppen den Kern einer im Untergrund operierenden Widerstandsgruppe bilden sollte. Die Überlegung dabei war, daß kein sowjetischer Spion oder Geheimdienstoffizier, der etwas taugte, einem so verlockenden Objekt wie der Organisation Bachmann würde widerstehen können. Jeanmaires Büro wurde von oben bis unten mit Wanzen versehen und sein Te-

Albert Bachmann von der »Organisation Bachmann«.

lefon angezapft, und Bachmann wurde vorschriftsmäßig in die Überwachermannschaft aufgenommen. Doch leider weigerte sich die Henne noch immer, ihr Ei zu legen.

Geheimdienstchef Weidenmann vor der Parlamentarischen Jeanmaire-Kommission von 1977: »Man hat ihn während dieser Zeit überwacht, leider ohne Erfolg.«

Nach weiteren enttäuschenden sieben Monaten, in denen Jeanmaires Überwacher jedes seiner Worte und jede seiner Handlungen umständlich analysierten, beschloß Bundesanwalt Gerber, ihn dennoch verhaften zu lassen, obwohl er nach eigenem Eingeständnis nicht den kleinsten brauchbaren Beweis vorliegen hatte.

Doch Gerber und seine Kollegen hatten etwas im Sinn, das schwerer wog als juristische Spitzfindigkeiten und einen Schatten auf ihre berufliche Existenz warf. Die amerikanischen Geheimdienstbarone hatten Bern vor kurzem förmlich mitgeteilt, daß Washington kein Vertrauen in die Fähigkeiten der Schweizer hätte, ihnen anvertraute militärische Geheimnisse zu wahren. Äußerst wichtige technische Informationen über amerikanisches Kriegsgerät gelangten aus der Schweiz nach Osteuropa, hieß es. Das Frühwarnsystem Florida sei in Gefahr. Ebenso die in Schweizer Panzer eingebaute ultramoderne amerikanische Elektronik, vor allem der ›Stabilisator‹. Ferner ging das Gerücht, daß die Amerikaner sich weigerten, der Schweiz ihre neuen 109-Geschütze zu verkaufen und, noch schlimmer, damit drohten, die Schweiz, was die Mitteilung von Geheimnissen betreffe, wie ein kommunistisches Land einzustufen, eine Demütigung, die in den stolzen Hinterzimmern der Schweizer Geheimdienste und Beschaffungsagenturen die Alarmglocken schrillen ließ.

Unerheblich, daß Jeanmaire zu solchen Geheimnissen gar keinen Zugang gehabt hatte. Unerheblich, daß er für die angeblich verratene Technologie nicht ausgebildet war oder daß die Armee ihn in ein harmloses Abseits gestellt hatte, wo Geheimnisse von Belang überhaupt nicht existierten. Es gab eine undichte Stelle, es gab die Drohung, es gab den Hinweis, es gab den Mann. Jetzt galt es, und zwar schnell, diese vier zusammenzubringen, die amerikanischen Befürchtungen zu beschwichtigen und das Image der Schweiz als verantwortungsvolle und effiziente (und neutrale) Militärmacht wiederherzustellen.

Einer der Männer, der Jeanmaire hauptsächlich verhörte und ihn auch verhaftet hatte, war Inspektor Louis Pilliard, Kommissar der Bundespolizei – derselbe, der sich angeblich als Kellner verkleidet hatte, um Jeanmaire bei diplomatischen Empfängen nachzuspionieren. Während der Untersuchungshaft – das heißt, in der Zeit, bevor er überhaupt einem militärischen Untersuchungsrichter vorgeführt wurde – ist Jeanmaire laut seinen heimlich auf Papierfetzen angefertigten Notizen insgesamt zweiundneunzig Stunden lang von dem Polizeibeamten in Zivil Pilliard vernommen worden. Vergessen Sie die Europäische Menschenrechtskonvention, die auch von der Schweiz unterzeichnet wurde und verlangt, daß ein Gefangener unverzüglich einem Richter vorgeführt werden muß: Jeanmaire hatte bereits 107 Tage in Einzelhaft gesessen, bevor er einen militärischen Untersuchungsrichter sah, und mußte bis zu seinem Prozeß noch über sechs Monate warten.

»Sie haben Florida verraten«, erklärte ihm Pilliard Ende Oktober.

»Sie sind ja verrückt«, erwiderte Jeanmaire. »Ich kann Ihnen beweisen, daß ich von Florida überhaupt nichts weiß.«

Und wirklich hatte Jeanmaire bei der einzigen Gelegenheit, einer Vorführung des Frühwarnsystems Florida beizuwohnen, 1972 die Einladung dazu in einem Brief ausgeschlagen, der von Pilliard immerhin aufgespürt wurde. Aber mochte damit auch der Vorwurf, Florida verraten zu haben, vom Tisch sein, blieb Jeanmaire doch in den Augen seiner öffentlichen Ankläger – und des Justizministers Furgler – ein Spion von monströsen Ausmaßen. Am 10. November schließlich verfügte der Bundesrat, daß sämtliche Verfehlungen Jeanmaires *und seiner Frau* von der Militärjustiz untersucht werden sollten.

Denn auch Marie-Louise stand unter Anklage. Während ihr Mann auf dem Weg zur Arbeit in einen Polizeiwagen verfrachtet wurde, drangen fünf Beamte der Bundespolizei, darunter eine Frau, um sieben Uhr morgens in Jeanmaires Wohnung in der Lausanner Avenue du Tribunal Fédéral ein, um eine zweitägige Hausdurchsuchung durchzuführen. Sie fanden unter anderem Marie-Louises Tagebuch, in dem sie ihre sämtlichen Treffen mit Denissenko verzeichnet hatte, und einen Fernseher ungeklärter Herkunft, der Jeanmaire aber vermutlich von Issaev, einem der Nachfolger Denissenkos, geschenkt worden war. Das Tagebuch ist seitdem in den Tresoren der Schweizer Geheimhaltung verschwunden, soll aber laut Jeanmaire – der bei seiner Entzifferung half – den Eintrag enthalten: »Heute haben Deni und ich uns geliebt.«

Die Polizei überfiel auch Fräulein Vreni Ogg, Jeanmaires Freundin und Nachbarin in Bern, an ihrem Arbeitsplatz im Büro der Berner Wanderwege. Sie wurde ergriffen, in einen Wagen verfrachtet, zur Polizei-

Jean-Louis und Marie-Louise Jeanmaire im Winter 1975–76.

wache gefahren und eine halbe Stunde später freigelassen, nachdem man offenbar zu dem Schluß gekommen war, daß sie nichts Lohnendes auszupacken hatte. Die Medien frohlockten, und Vreni Oggs Leben war nie mehr dasselbe.

Bald sang Jeanmaire wie ein Vogel, wenn auch nicht das Lied, das seine Befrager hören wollten.

Noch einmal Bundesanwalt Gerber vor der Parlamentarischen Jeanmaire-Kommission von 1977, in einer Klage, die in jedem Gerichtssaal der freien Welt an die Wand geklebt werden sollte: »Hier liegt der wunde Punkt der ganzen Angelegenheit. Wir haben in der Schweiz keine Mittel, um Jeanmaires Aussagebereitschaft zu fördern.« Nach Blitzverhaftung, Einzelhaft, Entzug von körperlicher Bewegung, Radio, Zeitungen und Außenkontakten; nach erschöpfenden Verhören, Drohungen und Schmeicheleien – an welche anderen Mittel mag Gerber da gedacht haben, fragt man sich.

Jeanmaire wurde hauptsächlich von Pilliard verhört, gelegentlich unterstützt von einem gewissen Lugon, einem Inspektor der Waadtländer Kantonspolizei. Wie Pilliard war Lugon an Jeanmaires Verhaftung beteiligt gewesen.* Aber auch andere, darunter Gerber selbst, kamen bei den Verhören an die Reihe – Gerber für volle vier Stunden, aber der Inhalt ihres Gesprächs ist Jeanmaire nicht mehr erinnerlich: »Er schüttelte mir die Hand. Er war anständig. Ich sagte ihm, ich empfände Erleichterung darüber, von jemandem mit Autorität vernommen zu werden. Mein Gedächtnis ist *kaputt* ...«

Vielleicht ist es *kaputt*, weil Gerber bei dieser Gelegenheit – am 8. September, laut Gerbers Aussage – Jeanmaire die Liste der bereits abgelegten Geständnisse vorlas, die später den Hauptteil der gegen ihn

* Meine Versuche, die Vornamen von Lugon (ehemals Inspektor der Waadtländer Kantonspolizei und gegenwärtig Beamter der Bundespolizei) und Hofer (ehemals Kommissar der Bundespolizei und heute in Pension) zu erfahren, sind auf völlige Ablehnung gestoßen. Nach anderthalbtägiger Beratung hat mich der Pressesprecher der Bundesanwaltschaft darüber informiert, daß »die beiden Herren Lugon und Hofer die Veröffentlichung ihrer Vornamen für kommerzielle Zwecke nicht wünschen«. Jede weitere Erklärung wurde von Herrn Hauenstein, dem Sprecher, tapfer verweigert. Rumpelstilzchen selbst hätte nicht besser vertreten werden können.

erhobenen Anklage bilden sollten. Es ist *kaputt*, weil Jeanmaire irgendwo in seinem Kopf weiß, daß er sich während einer Haftzeit von kaum einem Monat um sein Leben gestanden hatte.

Wie auch immer, das Verhör scheint mit einem eklatanten Mangel an Geschick geführt worden zu sein. Immerhin war Jeanmaire doch der Traum eines jeden Verhörbeamten. Er war verschreckt, verwirrt, entrüstet, ohne Freunde und voller Schuldgefühle. Er war damals wie heute ein zwanghafter, nicht aufhörender Schwätzer, ein Angeber, ein Kind, das darauf wartete, verzaubert zu werden. Wer ihn vernehmen wollte, durfte kein Tyrann sein, sondern ein Helfer, ein Beichtvater, jemand, der ihm sein Dilemma klarmachen und dafür sein Vertrauen gewinnen konnte. Vergessen Sie den luchsäugigen Geheimdienstoffizier, der fünf Sprachen beherrscht: ein einziger kluger Polizeibeamter mit einem freundlichen Gesicht und geduldigen Ohr hätte ihn binnen einer Woche auf dem Tablett servieren können. Doch eine solche Figur wirkte bei dem Stück nicht mit.

Am zweiten Tag wurde er von Gerbers Stellvertreter Peter Huber besucht, der eine Stunde bei ihm blieb und ihn, behauptet Jeanmaire, zur Ausschmückung seines Geständnisses bewegen wollte: »Herr Jeanmaire, Ihr Fall ist nicht gefährlich, aber Sie sollten mehr zugeben, als Sie getan haben, damit wir den Schaden rasch beseitigen können.«

Welchen Schaden kann Huber gemeint haben, wenn nicht den von den Amerikanern angedrohten Schaden?

Jeanmaire fragte Huber dann, warum er im Gefängnis sitze und was geschehen sei.

Huber: »Das darf ich Ihnen nicht sagen, ich kann es nicht: Aber es hat ein sehr großes Leck gegen Osten gegeben.«

Jeanmaire »Aber nicht durch mich!«

Huber: »Regen Sie sich nicht so auf. Die Dinge stehen nicht so schlimm, wie es scheint. Gestehen Sie nur mehr, als Sie getan haben.«

Wann genau Jeanmaire *was* gestanden hat, läßt sich ohne die Hilfe der offiziellen Protokolle und vermutlich der geheimen Tonbandaufzeichnungen seiner Befragung kaum feststellen. Laut Gerbers Aussage vor der Parlamentarischen Jeanmaire-Kommission hat Jeanmaire erst am 6. September gestanden, als ›geheim‹ eingestufte Dokumente weitergegeben zu haben. Aber wann immer dies auch geschehen sein mag, Jeanmaire behauptet, er sei hereingelegt worden: »Pilliard versprach mir, daß ich noch am selben Abend mit meinen Freunden im Café des Philosophes sitzen könnte, wenn ich nur dies und dies und dies sagen würde. Sie versprachen, mich freizulassen und die ganze Sache zu begraben. Sie haben mich erpreßt.«

Doch Gerbers Zeitangaben für Jeanmaires Geständnis sind präzise, während Jeanmaire vom Augenblick seiner Inhaftierung an in einem Alptraum lebte, wie auch seine eigene Aussage zeigt, die nun allmählich fragmentarisch, surreal und in mancher Hinsicht zweifelhaft wird.

An dieser Stelle sollte man sich aber nachträglicher Besserwisserei enthalten und vielmehr Mitgefühl für die armen Geheimdienstoffiziere walten lassen, die den Fall Jeanmaire am Hals hatten. Auch sie wurden erpreßt, wenn auch nur von der Raserei der Schweizer – von diesem Volkszorn – und dem dringenden Wunsch der Administration, sämtliche realen und angeblichen Mißerfolge der Schweizer Sicherheitsbehörden im vergangenen Jahrzehnt Jeanmaire aufzubürden. Ständig saßen ihnen Legislative und Exekutive im Nacken. Jeanmaire beschreibt zum Beispiel, wie er Kommissar Pilliard erzählte, daß Denissenko bei dem Essen in Belp darauf zu sprechen gekommen sei, wie gut sich Autobahnunterführungen als atomare Schutzbunker eigneten. Vor den Augen des verblüfften Jeanmaire griff Pilliard darauf zum Telefon und berichtete dem Justizminister Furgler persönlich, daß Jeanmaire mit Denissenko über Bunker und Atombomben gesprochen habe: »Plötzlich war ich Atomphysiker und Planer von unterirdischen Bunkern. Er sagte nichts von dem Zusammenhang, in dem wir über diese Dinge diskutiert hatten.«

Nun kann Pilliards Anruf bei Furgler – obwohl er auch bei etlichen anderen Gelegenheiten eine enge Beziehung zu seinem Minister zur Schau stellte – natürlich ein Polizistenbluff gewesen sein. Womöglich hat Pilliard nur mit dem Pförtner telefoniert. Doch Furglers Sicht von Jeanmaire als Hochverräter war inzwischen allgemein bekannt, und es ist in der demokratischen Schweiz durchaus vorstellbar, daß der Kommissar tatsächlich direkt mit seinem obersten Chef gesprochen hatte.

Zusätzlich zu diesem Druck von oben bedrückte die Ermittler noch eine Vielzahl von Fallgeschichten hochrangiger Spione in anderen Ländern, die in der Tat die wohlgehüteten Geheimnisse ihres Volkes verraten hatten: Männer wie Wennerström in Schweden, Mitchell und Martin in Amerika, Vassall, Houghton und Gee in England. Schon regnete über die etablierten Kanäle der westlichen Geheimdienste ein Sack voll Präzedenzfälle auf die Ermittler herab. Es wäre ungewöhnlich, wenn etwa CIA und FBI nicht inzwischen ihre üblichen ›Experten-‹ und ›Berater‹schwadronen losgeschickt hätten, die sich alle gegenseitig mit scharfsinnigen Verschwörungstheorien übertrumpften. In Amerika hatte James Jesus Angleton mit seinen Theorien von Maulwürfen in hochrangigen Positionen den CIA bereits praktisch lahmgelegt. In Großbritannien führten Peter Wright und Konsorten das gleiche im Schilde.

In seiner solchen Atmosphäre wurde Jeanmaire naturgemäß in die oberen Ränge des Pantheons der Spione erhoben, und die Schweizer waren nicht in der Stimmung, sich sagen zu lassen, daß *ihr* Spion nicht genauso wichtig sei wie die Spione anderer Leute.

Jeanmaire ist ein ganzes Jahr lang ergebnislos beobachtet und abgehört worden? Dann hatte er Anweisung, sich bedeckt zu halten! Lockt ihn in die Falle! Räuchert ihn aus!

Jeanmaire kann keinerlei Kommunikation mit seinen Führungsoffizieren nachgewiesen werden. Dann redet er über einen Geheimsender mit ihnen! Zerlegt seinen Fernseher, nehmt seine Wohnung auseinander, sucht nach Kodebüchern, nach Geheimtinten und Mikropunkt-Lupen!

Jeanmaire hat gestanden, Bagatellen weitergegeben zu haben? Er speist uns ab! Haltet seine Füße ins Feuer! Quetscht seine Frau aus!

Jeanmaire hat gesungen und *noch immer* nichts von Belang ausgepackt? Er ist eine harte Nuß, ein Berufssoldat, bearbeitet ihn weiter!

Wenn man Jeanmaire glauben kann, war sogar sein Verteidiger Jean-Félix Paschoud von seiner Schuld überzeugt – freilich kann man von einem, der achtzehn Jahre Gefängnis aufgebrummt bekommt, nicht gerade freundliche Gefühle für seinen Verteidiger erwarten. Als Paschoud zum erstenmal in seine Zelle kam, erzählt Jeanmaire, hielt er Jeanmaire die Faust unter die Nase und wünschte ihm Tod und Teufel an den Hals: »Was du getan hast, ist Schwachsinn! Du bist ein kompletter Idiot! *Kein Mensch* treibt sich mit Russen rum und schüttelt ihnen die Hand!«

Nun, vielleicht hat Paschoud das gesagt, auch wenn es nicht beweist, daß er Jeanmaire für schuldig hielt. Jeanmaire zufolge war Paschoud Mitglied der *Ligue Vaudoise*, einer antikommunistischen Gruppe patriotisch gesinnter kalter Krieger, und Jeanmaires Flirt mit den Russen könnte ihn tatsächlich schockiert haben. Während des furchtbar kurzen Prozesses, beklagt sich Jeanmaire, sei Paschoud mehr damit beschäftigt gewesen, seinen Klienten ruhig zu halten, als Gerechtigkeit für ihn zu erlangen. Doch könnte Paschoud aus beruflichen Gründen gewünscht haben, Jeanmaire ruhig zu halten. Jeanmaire war oft genug selbst sein größer Feind, und Paschoud argumentierte, die Vorwürfe gegen seinen Klienten seien verjährt und damit hätte sich eine Verteidigung erledigt.

Jeanmaire gefällt sich darin, Paschoud als kleinen Lausanner Anwalt darzustellen, den er in der Armee flüchtig kennengelernt hatte; um der Wahrheit aber die Ehre zu geben – Jean-Félix Paschoud ist einer der wenigen Lausanner Anwälte von internationalem Ansehen und hat unter anderem Charles Chaplin und seine Familie vertreten.

Der Prozeß war von Kafka und noch schlimmer. Er dauerte rund zwanzig Stunden, auf vier Tage verteilt – also etwa eine Stunde für jedes Jahr der Strafe. Bis heute ist das Urteil nicht öffentlich gemacht worden. Die genauen Anklagepunkte gegen Jeanmaire gelten noch immer als geheim, auch wenn sie ziemlich vollständig durchgesickert sind.

Monate bevor der Prozeß endlich anfing, hatten die beiden Angeklagten dem Tod ins Auge geblickt. Jeanmaire hatte vom 21. September bis zum 5. Oktober mit einer schweren Angina und rasendem Fieber in einem unterirdischen Gefängniskrankenhaus gelegen. Unter dem Einfluß starker Medikamente hatte er zweimal die ihm von den Krankenschwestern angebotene Letzte Ölung verweigert. Dennoch hatte Kommissar Pilliard sein Verhör fortgesetzt. Pilliard hatte ihm Dokumente unter die Nase gehalten und ihn aufgefordert, zu gestehen, daß er sie an die Russen verraten habe. Jeanmaire glaubt, dies sei das Werk von Oberst Bachmann gewesen. Nach Jeanmaires Rückkehr ins Gefängnis hatte Pilliard den Wohlwollenden gespielt und ihm eine Flasche Wein und zwei Gläser mitgebracht. Jeanmaire fragte ihn, ob er verrückt geworden sei.

Marie-Louise, von einem Schlaganfall teilweise gelähmt, wurde zwar für haftunfähig erklärt, aber den Prozeß meinte man ihr zumuten zu können. Wie sie sich im Verhör verhalten hat, soll Jeanmaire beschreiben. Anfangs habe sie nichts zugegeben, erzählt er. »Sie hat gelogen. Sie wollte mich retten. Sie war tapferer als ich. Hätte ich mich genauso verhalten, wäre gar nichts passiert.« Sie stritt auch ihre Affäre mit Denissenko ab, doch ihr Tagebuch verriet sie. Jeanmaire lügt offenkundig, als er unbesonnen sagt: »Ich habe ihnen auch nichts davon erzählt.« Und korrigiert sich dann hastig: »Ich habe ja auch gar nichts davon gewußt.«

Die Verhandlung wurde in dem klassizistischen Palais de Montbenon einberufen, in einem kleinen Gerichtssaal des Waadtländer Kantonsgerichts. Jeanmaire wurde unter schwerer Bewachung zu einem Nebeneingang gebracht und durfte seine Brigadiersuniform anziehen, die eigens aus Lausanne geholt worden war. Das einzige Gemälde im Gerichtssaal zeigte das Urteil des Salomo. Als Zuschauer waren rund fünfzig Journalisten und ebenso viele Vertreter der Öffentlichkeit anwesend. Jeanmaire trat ein, und wenig später kam Marie-Louise, die nur mit Mühe und unter Schmerzen gehen konnte und sich auf den Arm einer Wärterin stützte, die sie zu einem Ledersessel führte. Sie trug ein blaues Kostüm. Dann kamen die Richter; alles stand auf. Nach dem Hinweis, daß der Saal aus Gründen der militärischen Sicherheit in Kürze geräumt werden müsse, verlas der Gerichtsschreiber einen kurzen Auszug aus der Anklageschrift. Darin wurden die Jeanmaires beschuldigt, sie hätten ›freundschaftliche Beziehungen‹ zu zwei sowjetischen Militärattachés und ihren Nachfolgern unterhalten, sowie zu einem Kollegen des Militärattachés an der sowjetischen Botschaft während dessen Amtszeit in Bern, womit vermutlich ihr letzter Kontaktmann, der GRU-Resident Davidov, gemeint war.

Der Rest war sehr pauschal: Ergebnis dieser Beziehungen, so die Anklageschrift, sei der bewußte und fortgesetzte Verrat von Tatsachen, Angelegenheiten und Gegenständen, die mit Rücksicht auf die Landesverteidigung geheimgehalten werden. Als Höchststrafe für solche Delikte seien zwanzig Jahre Gefängnis vorgesehen.

Es wurde auch von ›passiver Bestechung‹ gesprochen, obwohl davon in den fünfunddreißig durchgesickerten und 1988 in der *Wochenzeitung* veröffentlichten Anklagepunkten interessanterweise nichts erwähnt wird. Was auch kaum überraschend ist, da die gesamte Ausbeute an Geschenken, die die Russen den Jeanmaires in den vierzehn Jahren nach ihrer ersten Begegnung mit Denissenko gemacht hatten, darunter Marie-Louises Armband, das Fernsehgerät und ein Paar Manschettenknöpfe für Jeanmaire, sich auf knappe dreitausend Schweizer Franken belief – kaum eine angemessene Entschädigung für den ›Verräter des Jahrhunderts‹, zumal wenn mehrere höhere Offiziere aus Jeanmaires Bekanntenkreis sich gern zu kostenlosen Jagdferien nach Rußland hatten einladen lassen, ganz zu schweigen von so üblichen diplomatischen Zuwendungen wie Kaviar und Wodka.

Noch immer in Anwesenheit der Öffentlichkeit wurden dann von Verteidiger Jean-Félix Paschoud, der selbst Militärrichter und Oberstleutnant der Infanterie war, und seinem Kollegen, Maître Roger Courvoisier, der Marie-Louise vertrat, Erklärungen darüber verlesen, daß keinerlei Grund zu der Annahme bestehe, die Jeanmaires hätten von den Attachés Geld genommen oder daß irgendwelche ideologischen Motive eine Rolle bei ihren Taten gespielt hätten. Paschouds Versuch, sich hinsichtlich der frühesten Transaktionen zwischen den Angeklagten und Denissenko auf das Schweizer Verjährungsgesetz zu berufen, wurde vertagt, bis das Gericht darüber entschieden hatte, ob die Vergehen als fortlaufend oder lediglich als wiederholt zu betrachten seien.

Dann wurden nach Ausschluß der Öffentlichkeit die einzelnen Anklagepunkte vorgelesen. Zu diesem Zeitpunkt, sagt Jeanmaire, habe er Pilliard, der als Zeuge aufgeführt war, im Gerichtssaal sitzen sehen. Er machte Paschoud darauf aufmerksam, und die Gerichtsverhandlung wurde unterbrochen.

»Monsieur Pilliard«, soll der Vorsitzende Richter laut Jeanmaire gesagt haben. »Sie sind Zeuge in diesem Fall. Was haben Sie dann hier im Gerichtssaal zu suchen?«

»Ich bin auf Anordnung von Herrn Furgler hier«, antwortete Pilliard. Der Vorsitzende Richter fragte seine Kollegen, ob sie irgendwelche Einwände gegen Louis Pilliards Anwesenheit hätten. Da dies nicht der Fall war, blieb laut Jeanmaire der Hauptzeuge der Anklage während des ganzen Prozesses im Saal.

Marie-Louise kam zuerst dran. Obwohl auf ihre Affäre mit Denissenko mit keinem Wort angespielt wurde, behauptet Jeanmaire, man habe sie wie Dreck behandelt und ihr keine Fragen gestellt, sondern Feststellungen an den Kopf geworfen. Besonders wurde darauf herumgeritten, daß Marie-Louise ein militärisches Handbuch in eine Pralinenschachtel gesteckt haben sollte, bevor ihr Mann es an Denissenko weitergab. Dies wurde von Marie-Louise mit leiser Stimme zugegeben. Doch als man sie beschuldigte, sie habe ihren Mann gedrängt, Informationen weiterzugeben, wurde sie außerordentlich lebhaft: »Mein Mann wußte ganz genau, was er tun durfte und was nicht!«

Gegen Mittag war ihr Verhör beendet, und man führte sie aus dem Saal. Jeanmaires Vernehmung begann. »Der Ton war schrecklich und bösartig«, sagte Jeanmaire. »Der Großrichter Houriet war ein scharfer Hund.« Von dem Militärgericht erfuhr Jeanmaire sein Motiv: Rachsucht, weil er bei der Beförderung übergangen worden sei; und nichts von dem, was er vorbrachte, konnte irgendwen vom Gegenteil überzeugen. Häufig wurde ihm vom Vorsitzenden Richter das Wort abgeschnitten. Häufig auch von Paschoud. Am Ende des ersten Verhandlungstages richtete ein mitwirkender Richter, der bis dahin noch nichts gesagt hatte, einen Appell an Jeanmaire. Er scheint von Herzen gekommen zu sein. Jeanmaire zitiert ihn so: »Hören Sie, Brigadier Jeanmaire, Sie sind ein ehrenwerter Mann, das ist bekannt. Nun erzählen Sie uns um Gottes willen, was Sie getan haben. Sagen Sie uns endlich die Wahrheit.«

»Ich habe Ihnen die Wahrheit gesagt«, erwiderte Jeanmaire.

Leider also noch immer kein Geständnis, das Frühwarnsystem Florida verraten zu haben oder irgendeins der anderen lebenswichtigen Verteidigungsgeheimnisse der Amerikaner, über dessen Natur wir nur spekulieren dürfen. Der schreckliche Schatten, als kommunistisches Land eingestuft zu sein, war noch immer nicht verjagt.

Am Vormittag des zweiten Tages wurden nach Auskunft des Gerichtssprechers die Zeugen der Anklage gehört. Zunächst der Arzt, der Jeanmaire im Krankenhaus behandelt hatte. Der Gefangene, sagte er, sei bei guter Gesundheit. Dem Arzt folgte Kommissar Pilliard, der allgemein davon sprach, daß Jeanmaire bewußt gewesen sei, was er tat, und daß er eingeräumt habe, daß die von ihm an Denissenko und seine Nachfolger weitergegebenen Informationen wahrscheinlich nach Moskau übermittelt worden seien: »Das war schließlich sein Job als Militärattaché«, soll Jeanmaire gesagt haben. Bevor Pilliard den Zeugenstand verließ, wurde er von den Richtern gefragt, von wo der Hinweis gekommen sei, der zu Jeanmaires Verhaftung geführt habe. Er antwortete, er könne die Quelle nicht preisgeben, da Justizminister Furgler ihm befohlen habe, dies geheim zu halten.

Die Zeugen der Verteidigung – alle von Paschoud ausgewählt, behauptet Jeanmaire – neigten eher dazu, das Geheimnis um die Persönlichkeit des Angeklagten zu vergrößern, als es zu lüften. Sie bezeugten Jeanmaires unerschütterlichen Charakter und bezweifelten die Vermutung, daß er aus Rachsucht gehandelt haben könnte. Er sei ›fröhlich‹ gewesen, aber nie ›betrunken‹. Er habe zuweilen mit seiner Redensart schockiert und Wichtigtuerei verabscheut. Unter seiner rauhen Schale stecke ein ›sensibler, weicher Kern‹. Er sei ein überzeugter Antikommunist. Paschouds Versuch, vorteilhafte schriftliche Beurteilungen von Offizierskollegen vorzulegen, wurde von dem Vorsitzenden Richter abgeschmettert. »Fahren wir fort. Das interessiert uns nicht«, soll er Jeanmaire zufolge gesagt haben.

Für das Schlußplädoyer der Anklage wurde Marie-Louise Jeanmaire wieder in den Gerichtssaal gebracht.

Bedenken Sie bitte, daß wir noch immer lediglich auf Jeanmaires Aussage, die offizielle Presseerklärung und Gerüchte über die Vorgänge angewiesen sind. Der Ankläger verwies nachdrücklich auf Jeanmaires hohe Verantwortung als einer der wenigen Brigadiers der Schweizer Armee und Kommandeur von 30 000 Mann. Er ging auf Jeanmaires Charakterschwäche ein und beschrieb ihn als einen Mann, der von Denissenkos Charme und Gerissenheit in die Falle gelockt worden sei. Er verwarf Paschouds Einlassung, daß die frühen Vergehen nach dem Gesetz verjährt seien, und behauptete, sie seien Teil eines Kontinuums. Er verlangte zwölf Jahre Zuchtaus, Degradierung, Ausschluß aus der Armee und die Bezahlung der Gerichtskosten. Für Marie-Louise verlangte er ein Jahr Zuchthaus, hatte aber gegen eine Aussetzung der Strafe zur Bewährung nichts einzuwenden.

Hierauf soll Jeanmaires Anwalt weinend zusammengebrochen sein. »Mit einem Plädoyer für zwölf Jahre hatte Paschoud nicht gerechnet«, erklärte Jeanmaire – als seien seine eigenen Gefühle plötzlich weniger wichtig als die seines Verteidigers. In der Sitzungspause am Mittag sei Paschoud weinend zu ihm in die Zelle gekommen und habe gesagt: »Die wollen dich abschlachten.« Hat Paschoud, ein abgebrühter Anwalt, wirklich geweint? Oder Jeanmaire? War Jeanmaire in diesem niederschmetternden Augenblick überhaupt in der Lage, die Reaktionen irgendeines Menschen, einschließlich seiner selbst sogar, genau wahrzunehmen und im Gedächtnis zu behalten? Menschen, die einem Urteil entgegensehen – sei es lebenslänglich Haft oder gar der Tod –, erleben erfahrungsgemäß eine ganze Skala von Gefühlen, von Verzweiflung bis hin zu hysterischem Überschwang. Jeanmaire zufolge ist Paschoud weinend zusammengebrochen, und damit hat sich's. Was Jeanmaire selbst gesehen, gedacht oder empfunden hat, ist vermutlich nicht zu beschreiben. Noch vierzehn Jahre nach dem Ereignis scheint er entschlossen, die Beschreibung davon auf seinen Anwalt zu projizieren. Anscheinend nur ein einziges Mal hat Paschoud seit jenem Tag sein Schweigen gebrochen, und zwar mit Jeanmaires schriftlichem Einverständnis: In einem Interview mit dem ›Luzerner Tagblatt‹ vom September 1988 beschuldigt er Kommissar Pilliard, dieser habe Jeanmaire durch Versprechungen und Drohungen dazu gebracht, Geständnisse zu unterschreiben. Er schildert die Umstände von Jeanmaires Untersuchungshaft als ›skandalös‹ und nimmt Anstoß an Pilliards

Anwesenheit – als Gerichtszeuge und *defacto*-Ankläger – während des gesamten Prozesses. »Daß gewisse Leute unredlich handeln, ist noch kein Grund, es ihnen gleichzutun«, sagt Paschoud. Jeanmaire habe lediglich Bagatellen verraten, betont er, und dies auch nur, um den Russen zu zeigen, daß die Schweizer bereit seien, sich selbst zu verteidigen. Er sei kein Verräter, und man habe ihn gehetzt wie ein Tier. Seltsamerweise kann man sich beim Lesen des Interviews tatsächlich vorstellen, daß Paschoud geweint hat.

Marie-Louises Anwalt Courvoisier hingegen zeigte sich der Lage hervorragend gewachsen – so Jeanmaire, so der Pressesprecher des Gerichts und so auch die folgsame Tagespresse. Er hob Marie-Louises untergeordnete Rolle hervor, ein für ein nur mit Männern besetztes Schweizer Gericht ohne weiteres akzeptierbares Argument, und verwies darauf, daß sie frei von Habgier sei und keine ideologischen Gründe habe. Sie sei heute eine andere Frau als die, die von Denissenko verführt worden sei, sagte er. Er zitierte aus *Madame Bovary*. Sie habe in Denissenko einen bewundernswerten Mann gesehen, sagte er. Und am Ende seiner Rede bat Marie-Louise – ›sehr lieb‹, in Jeanmaires Worten – die Richter, ihrem Mann gegenüber Milde walten zu lassen.

Paschoud, der sich Jeanmaire zufolge noch immer nicht von seinem Zusammenbruch erholt hatte, erhob sich nun. Er sprach mit tränenerstickter Stimme, sagt Jeanmaire. Im Namen seines Klienten plädierte er schuldig, ein Vorgehen, das vorher nicht zwischen ihnen abgesprochen war: »Er hatte mir nie gesagt, wie er mich verteidigen wollte«, klagt Jeanmaire. »Er

Jeanmaire nach seiner Gerichtsverhandlung am 16. Juni 1977.

wollte nicht bestimmte Punkte der Anklage anfechten, sondern mich nur kleinmachen.« Im übrigen hat Jeanmaire von Paschouds Verteidigung nichts zu berichten, außer daß sie mit diesen Worten endete: »Ich verlange, daß Jeanmaire verurteilt und nicht verdammt wird.«

Aber die Tagespresse verleiht Paschoud eine eindrucksvollere Rolle und hält ihm zugute, er habe »die Vergiftung der öffentlichen Meinung, die politische Intervention und gewisse Erklärungen von Behördenvertretern attackiert, welche die Allgemeinheit gegen seinen Klienten beeinflußt hätten«. Der Presse zufolge nannte Paschoud sogar den Namen Furglers und beschrieb dessen Rede vom Oktober 1976 vor dem Nationalrat als »nicht exakt mit den Erkenntnissen des Gerichts übereinstimmend«. Ferner soll Paschoud gesagt haben, Jeanmaire habe in der Schweiz keine richtigen Freunde gehabt, und er habe Denissenko von der Stärke und Wirksamkeit der Schweizer Verteidigungsmaßnahmen überzeugen wollen. Dies scheint das einzige Mal gewesen zu sein, daß die Verteidigung Jeanmaires oft wiederholtes Argument der ›Dissuasion‹, mit dem er sich heute hauptsächlich rechtfertigt, vorgetragen hat.

Am Ende fügte Jeanmaire sein eigenes Schlußwort hinzu: »Es war nie meine Absicht, mein Land zu verraten. Sollte ich irgendeinen Schaden angerichtet haben, tut es mir leid.« Die Sitzung wurde für geschlossen erklärt, Jeanmaire in seine Zelle gebracht. Zur Urteilsverkündung wurden Presse und Öffentlichkeit wieder zugelassen. Jeanmaire wurde wieder in den Gerichtssaal zurückgeführt. Das Gericht befand den Antrag der Anklage auf zwölf Jahre für zu barmherzig und verurteilte ihn zu achtzehn Jahren. Die zusätzlichen sechs seien durch Jeanmaires hohen Rang zu erklären, welcher seinem Verbrechen ›außerordentliche Schwere‹ verleihe. Die vollen zwanzig Jahre seien ihm lediglich durch ›mildernde Umstände‹ erspart worden. Dies seien: die Dienste, die er der Schweiz geleistet habe, die positiven Gefühle, die er für sein Land bewahrt habe, und die Tatsache, daß er offenbar nicht aus Gewinnsucht gehandelt habe. Seine wahren Motive beschrieb das Gericht als: Ehrgeiz, Geltungssucht und Ressentiments. Die Anklage gegen Marie-Louise wurde fallengelassen.

Die Urteilsbegründung ist zwar immer noch geheim, aber der Grund für die massive Strafe scheint klar zu sein. Das Gericht hatte getan, was von ihm erwartet wurde. Es hatte aus einem kleinen Spion einen großen gemacht. Ein so gewaltiges Strafmaß mußte auf einen gewaltigen Verrat schließen lassen. Die Hexe war verbrannt, ein großes Leck war gestopft, und Amerika brauchte die Schweiz nicht mehr auf eine Stufe mit einem kommunistischen Land zu stellen.

Es ist spät, das Fondue längst aufgegessen, und Jeanmaire hat sich müde geredet. Eine bleierne Gefängnisblässe hat sich auf seine sonst so ausdrucksvollen Züge gelegt. Er hat allmählich genug von mir. Der alte Soldat hat sein Soll erfüllt.

Aber er ist noch immer mein Gastgeber. Ein letzter Schnaps, während wir auf das Taxi warten, und bald werde ich in mein Grandhotel zurückkehren und er vielleicht zu der Gefährtin, die sich jetzt mit der gleichen Treue um ihn kümmert wie ihre Vorgängerinnen.

Er bereite seine Autobiographie vor, sagte er. In diesen an den Wänden gestapelten Aktenordnern befänden sich nur einige der Tausenden von Seiten, die er im Gefängnis geschrieben habe.

Eine Pause, dann kann er nicht mehr an sich halten und fragt mich: »Also, wie war's?« – soll heißen: »Wie habe ich mich geschlagen?« Als ob wir, die wir ihn besuchen kommen, uns für die Verteidigung oder für die Anklage zu erklären und durch die ›Ja‹-Tür oder die ›Nein‹-Tür zu gehen hätten.

Einen Augenblick lang bin ich um eine Antwort verlegen. Allein sein Mut und sein Alter machen ihn heutzutage zu einem Unschuldigen, und Jeanmaire strahlt mit seinen achtzig Jahren eine Würde aus, die schon eine Tugend für sich ist. Doch man kann sich im Alter ändern. Die Freundlichkeit alter Männer muß nicht unbedingt die Freundlichkeit ihrer Jugend sein. Und mir kommt der Gedanke, daß der Schicksalsschlag einen besonderen Fall aus ihm gemacht hat, ihm eine eigene Erlösung hat zuteil werden lassen, die außerhalb der Reichweite menschlichen Urteils liegt.

»Ich möchte nur berichten, was ich gesehen und gehört habe«, sage ich lahm.

»Tun Sie das! Tun Sie das!« Beim Abschied füllen seine Augen sich wieder mit Tränen, doch ob vor Müdigkeit oder Bedauern oder nur wegen seines Alters, vermag ich nicht zu sagen.

Also, wie war's, um mit Jeanmaire zu sprechen.

Eins steht fest: er hatte keine Möglichkeit, zu verraten, was man ihm unterstellte verraten zu haben, und hierfür ist auch nie ein Beweis vorgelegt worden.

Er hat den Russen nichts als Kleinkram gegeben, nicht zuletzt deshalb, weil er gar nichts anderes zu geben hatte. Und bis zum Beweis des Gegenteils sind achtzehn Jahre eine barbarische Strafe gewesen. Was er, wenn er über irgendwelche echten Informationen verfügt hätte, hätte verraten *können*, ist ein Alptraum, der uns Gott sei Dank nicht zu beunruhigen braucht. Denn er hatte diese Informationen nicht.

Und nein, er ist nicht tot, noch lange nicht. In jeder Schweizer oder englischen Kleinstadt gibt es Männer und Frauen, die nur ein Viertel seiner Jahre zählen und wesentlich toter sind, als Jean-Louis Jeanmaire es je gewesen ist. Er liebt und bemüht sich und träumt. Er ist ein enttäuschter Schöpfer. Ein bescheidener Prahlhans und ein zärtlicher Tyrann. Vielleicht hätte er bei der Architektur bleiben sollen, in der er ausgebildet war und sich kurze Zeit hervorgetan hatte. Dann hätte er ungestraft Auftraggeber in Rage bringen, Stadträte beleidigen, sich durchsetzen, versagen und sich wieder durchsetzen können. Vielleicht hätte er ein Impresario werden sollen wie der Jeanmaire, der das brennende Haus inszeniert hatte, in dem sein eigenes Leben in Rauch aufgegangen ist. Auf alle Fälle hätte er sich von einer Welt fernhalten sollen, in der es Geheimnisse zu bewahren galt.

Er war nicht für die Armee geschaffen, auch wenn er sie liebte. Er wurde in sie hineingeboren, und als guter Soldat machte er sich daran, an den unkriegerischen Kämpfen teilzunehmen, die sein Erbe waren. Als die Armee ihm lästig zu werden anfing, begann er davon zu träumen, daß irgendwo ein anderes, größeres Schicksal für ihn bereitgehalten wurde. In Denissenko glaubte er es gefunden zu haben: »Er ist gekommen!« dachte er – *er*, mein Schicksal; *er*, mein Regenmacher, *er*, die Tür zu den Leben, die ich nicht gelebt habe.

Ist da wirklich irgendwo ein großer Spion gewesen? Geht er oder sie noch immer durch die Laubengänge von Bern, in dem Bewußtsein, daß Jeanmaire die zwölf Jahre für ihn oder sie abgesessen hat? Jeanmaire glaubt

Jean-Louis Jeanmaire.

nicht daran, doch in der Schweizer Presse wuchern die Gerüchte und überstürzen sich allwöchentlich neue Verschwörungstheorien. Eine besonders beliebte Version lautet, die Russen hätten das Ganze eingefädelt: sie hatten den großen Spion, sie kauften seine Ware, und als er in Verdacht geriet, gaben sie dem CIA einen Tip und sorgten dafür, daß der kleine Spion Jeanmaire den Sturz des großen auffing.

Beschuldigungen und Gegen-Beschuldigungen zwischen den Angehörigen der Schweizer Nachrichtendienste gehören zum täglichen Geschäft; Oberst Bachmann selbst hat die Geheimnisse verkauft! ruft der eine – nein, nein, es war Weidenmann; es war Gerber, es war der Weihnachtsmann; alle waren es und keiner von ihnen.

Und gewiß – genau wie die Flut von Spionageskandalen, mit denen die Briten in etwa den letzten vierzig Jahren unterhalten wurden – deuten die Enthüllungen über die Schweizer Nachrichtendienste in den sechziger und siebziger Jahren darauf hin, daß hinter den Mauern der Geheimdienste ein Sumpf von Privatarmeen, Privatinteressen, Privatphantasien und erschreckender Unfähigkeit verborgen ist.

Aber wie die Briten lieben die Schweizer ihre Spione, auch wenn sie sie zugleich hassen. Wenn die Schweizer mit den ›Schnüfflern von Bern‹ aufräumen, räumen sie gleichzeitig mit ihrer alten Praxis der gegenseitigen Überwachung auf. Und die neuen Männer und Frauen wollen wirklich mit all dem Schluß machen. Sie wollen den Schweizern ihre Freude aneinander wiedergeben, so wie sie ihr Land von der ewigen Phantasievorstellung heilen wollen, es sei eine ringsum von wahnsinnigen Ausländern bedrohte Bastion der Vernunft.

Irgendwo in dem Soldaten und Patrioten Jean-Louis Jeanmaire – obwohl er der letzte wäre, das zuzugeben – schlummerte ein Mann, der es zutiefst satt hatte, ein Schweizer zu sein.

Nachtrag vom 16. Januar 1991

Die Enthüllungen über den Fall Jeanmaire gehen weiter. Die bedeutendste Informationsquelle – der Bericht einer parlamentarischen Untersuchungskommission zum Fall Jeanmaire von 1991 – läßt leider, während die englische Ausgabe in Druck geht, noch immer auf sich warten. Einige dieser Ermittlungsergebnisse sind bereits in Umlauf, wenn auch nur inoffiziell und als Entwurf; dennoch werfen sie mehr Licht (oder Schatten) auf die von mir erhobenen Fragen.

Im Gegensatz zu Bundesanwalt Gerber setzt die Kommission den Beginn der Affäre nicht im Mai 1975 an, sondern im Oktober 1974, als ›der Vertreter eines ausländischen Nachrichtendienstes‹ mit einem Sonderauftrag zum Chef der Schweizer Bundespolizei nach Bern geschickt wurde, um ihn davon in Kenntnis zu setzen, daß ein hoher Schweizer Offizier Informationen an die UdSSR weitergebe und daß die Frau dieses Offiziers eine in der Sowjetunion geborene Schweizerin sei.

Die Quelle dieser Information war ›ein sowjetischer Offizier‹, aber der Berichtsentwurf schweigt sich darüber aus, ob er (oder sie) noch im Dienst oder übergelaufen war.

Der Hinweis wurde dem Bericht zufolge unverzüglich an Bundesanwalt Gerber weitergeleitet. Bei weiteren Treffen am 29. Oktober und 1. November 1974 habe derselbe ›Vertreter eines ausländischen Nachrichtendienstes‹ eine Liste mit rund sechzig Personen erwähnt, die im Verdacht standen, Verbindung mit dem GRU zu haben, und wiederholt darauf hingewiesen, daß seine Quelle heikel und nicht in der Lage sei, sich ausführlicher zu diesen Informationen zu äußern oder irgendwelche Fragen zu beantworten. Diese Einschränkung ist später offenbar von beiden Seiten ignoriert worden.

»Eine Unterlage aus der Hand des ausländischen Agenten gab den beiden Mitarbeitern der Bundespolizei Aufschluß über ein 1964 in Lausanne lebendes Ehepaar. Dieses Ehepaar unterhielt seit mindestens jenem Jahr Kontakt mit Vassili Denissenko – sowjetischer Verteidigungsattaché, aber auch Resident des GRU in Bern – beziehungsweise später mit dessen Nachfolgern.« Die GRU-Decknamen der Eheleute seien ›Mur‹ und ›Mary‹ gewesen. Ungeachtet ihrer Herkunft spreche die Frau kein Russisch und betrachte Französisch als ihre Muttersprache.

Gerbers späteres Datum für den Beginn der Affäre – der 16. Mai 1975 – bezieht sich offenbar auf den Besuch eines anderen Abgesandten desselben Nachrichtendienstes, der – so der Bericht – zu einer »Bestandsaufnahme« führte, »wobei neue Spionagefälle von Schweizern zutage traten«. Ebenfalls zu diesem Zeitpunkt überreichten Schweizer Beamte, nämlich Pilliard und Hofer, dem Abgesandten einen Fragebogen, mit dem sie weitere Informationen über das *noch immer nicht identifizierte Ehepaar* erhalten wollten.

Am 2. Juni fand ein weiteres Treffen derselben Akteure statt, und der Vertreter des ausländischen Nachrichtendienstes übergab ein neues Dokument mit noch genaueren Einzelheiten über das verdächtige ›Ehepaar‹. Der Mann wohne in Lausanne, arbeite aber in Bern. Er pendle täglich zu seiner Arbeitsstelle, wahrscheinlich eher mit dem Auto als mit dem Zug. Er habe mit der ›Fliegerabwehr‹ zu tun und sei 1964 nach Frankreich gereist, um sich mit den ›lokalen Fliegerabwehrstellungen‹ bekannt zu machen.

Am 24. Juni erhielt die Bundespolizei eine Antwort auf ihren Fragebogen, worin bestätigt wurde, daß die Ehefrau Französisch als ihre Muttersprache betrachte, während ihr Mann es gut beherrsche. Aufgrund dieser Auskunft, schließt der Bericht, seien die Jeanmaires am 24. Juni 1975, volle acht Monate nach dem Hinweis, eindeutig identifiziert worden.

Der Berichtsentwurf erwähnt auch einen *zweiten* ausländischen Nachrichtendienst, der die von dem ersten gegebene Information bestätigt habe. Also die Briten? Wir werden es nicht erfahren, ebensowenig wie wir erfahren werden, ob die beiden Nachrichtendienste ihre Information womöglich von demselben Nachrichtendienst bekommen haben – keine Seltenheit in diesem Gewerbe.

An einer Stelle jedoch ist der Bericht unzweideutig, »daß Jean-Louis Jeanmaire nie Zugang zu streng geheimen Akten hatte«.

Bei meinem letzten Treffen mit Jeanmaire am 16. Januar erwähnte ich, daß es mir gelungen sei, Denissenko aufzuspüren. Er lebe in Moskau, sagte ich, sei aber gegenwärtig mit einem Leberleiden im Krankenhaus. Ich sagte, wenn ich das nächste Mal dorthin käme, würde ich ihn vielleicht besuchen. Jeanmaire schien mir nicht zuzuhören. Er sah zu Boden; er spähte in seiner Küche herum. Schließlich wandte er sich, wie ein Schuljunge, dem man eine besondere Freude versprochen hat, mit einem strahlenden Lächeln zu mir um.

»Ach, haben *Sie* ein Glück«, sagte er.

Nachwort zur deutschen Ausgabe

Am 5. März 1991 veröffentlichte die parlamentarische Untersuchungskommission »zur besonderen Klärung der Vorkommnisse von großer Tragweite im Eidgenössischen Militärdepartement« (PUK EMD) ihren Bericht zum Fall Jeanmaire. Gleichzeitig lockerte der Bundesrat (die Schweizer Regierung) die ›militärische Geheimhaltung‹ und machte die dank Indiskretionen schon bekannte Anklageschrift und zusätzlich auch das Urteil allgemein zugänglich.

Zu wichtigen Fragen, etwa nach der Rechtsstaatlichkeit des Verfahrens oder der Verhältnismäßigkeit des Urteils, nimmt die Kommission unter Berufung auf die Gewaltentrennung nicht Stellung.

Es fällt auf, daß die veröffentlichte Version im Umfang von 30 Seiten fast 20 Seiten kürzer ist als der Entwurf, der ebenfalls nach einer Indiskretion kursierte. Zeugen, die vor der Kommission ausgesagthatten, bekamen den Entwurf zu Gesicht – ihre Reaktionen haben die Kommission anscheinend bewogen, kräftige Retouchen vorzunehmen. So sucht man jetzt vergeblich die im Entwurf zitierte Feststellung eines hohen Schweizer Offiziers von 1977, daß Jeanmaire »nie Zugang zu streng geheimen Akten hatte«.

Die Parlamentarische Untersuchungskommission befaßte sich nur mit dem ›EMD‹, dem Verteidigungsministerium. Die Suche nach Lecks im militärischen Nachrichtendienst (UNA) verlief ergebnislos: »Kein einziges Element läßt auf einen anderen hochrangigen Verräter in den Reihen der UNA oder des EMD schließen.«

Aber auch wenn die Hinweise, die zur Identifikation von Jeanmaire geführt haben, eindeutig gewesen seien, ist damit »die Existenz eines weiteren Verräters« laut dem Bericht nicht ausgeschlossen. 15 Personen aus einer »angeblichen Liste des GRU«, die insgesamt 60 Decknamen umfaßte und der Bundespolizei von einem ausländischen Nachrichtendienst zugesteckt wurde, hätten ja nicht identifiziert werden können. Die Bundespolizei aber gehört ebenso wie die für die Spionageabwehr zuständige Bundesanwaltschaft zum Justiz- und Polizeidepartement – und diese beiden Behörden lagen nach Meinung der PUK EMD außerhalb ihres Kompetenzbereiches.

Schonungsvoll geht die Kommission mit dem ehemaligen Justizminister Furgler um. Mit Erstaunen liest man im Bericht die Auswahl der Zitate aus der Rede vom 7. Oktober 1976 im Parlament.

Es sei nicht gestattet, sagte Furgler damals, »wenn wir den Rechtsstaat respektieren, vorzeitig zu verurteilen«. Er stehe nicht hier »als Richter, der ein Urteil verkünde, sondern als Bundesrat und zuständiger Chef des Justiz- und Polizeidepartements«, er »orientiere ordnungsgemäß und im Rahmen des im Rechtsstaat Erlaubten«. Der Bericht verschweigt, daß Furgler dann genau das tat, was er vorgeblich vermeiden wollte. In seiner Rede acht Monate vor dem Prozeß teilte Furgler die Empörung der Bevölkerung darüber, daß »ein hoher Offizier ein Verräter« sei, und stellte eine Strafe von »Zuchthaus bis zu 20 Jahren« in Aussicht.

Nur eine Passage der Rede würdigt die Kommission kritisch. Furgler behauptete: »Auch aus dem Bereich der Kriegsmobilmachung hat Jeanmaire geheimste Unterlagen und Informationen geliefert.« Er dramatisierte damit die damals vorliegenden Untersuchungsergebnisse. Furglers Formulierung, so der Bericht, habe »als Hinweis auf eine Klassifikation ›streng geheim‹« verstanden werden können, während es sich »effektiv um zwei als ›geheim‹ klassifizierte Dokumente handelte.«

Mit der Veröffentlichung des Untersuchungsberichts ist die parlamentarische Behandlung des Falles Jeanmaire abgeschlossen. Jeanmaire selbst bereitet mit seinen Anwälten zur Zeit sein drittes Revisionsgesuch vor.

30. Juni 1991
Ruth Halter, Research Assistant von John le Carré

Bildnachweis:
Jean Mohr, Genf: S. 5, 93
Privatarchiv Jeanmaire: S. 19, 41, 46, 49, 54
Blick, Zürich: S. 22
Ringier Dokumentationszentrum, Zürich: S. 31, 37, 60, 64, 68, 72, 88